Q&Aで簡単!

家づくりの お金の話が ぜんぶわかる本

2020-2021

田方みき
関尾英隆

CONTENTS

基礎知識 第1章 家づくりにかかるお金の基礎知識

- **introduction** お金の疑問・不安に答えます ... 6
- **Question 01** 家づくりにはどんなお金がかかるの？ ... 8
- **02** 別途工事費って何？いくらくらいかかるもの？ ... 10
- **03** 諸費用って何？いくらくらいかかるもの？ ... 12
- **04** 住宅ローンっていくらくらい借りられるの？ ... 14
- **05** みんないくらくらいの住宅ローンを借りてるの？ ... 20
- **06** 頭金を用意することでどんなメリットがあるの？ ... 22
- **07** 建てる地域や場所によって家づくりのコストに差は出る？ ... 24
- **08** 広告に書かれている「坪単価」って何？ ... 26
- **09** 同じくらいの大きさの家でも坪単価に違いが出るのはなぜ？ ... 28
- **10** 注文住宅を建てるためのお金はいつ支払うの？ ... 30
- **Column** 今、自己資金がいくらあるのかをチェックしておこう ... 32

コスト 第2章 家を「建てる」ためにかかるお金はどこで差が出るの？

- **Question 11** 予算内で希望の家を建てるにはどうすればいいの？ ... 34
- **12** 何年後にどのくらいのランニングコストがかかるの？ ... 36
- **13** 形が変わるとコストはどう変わるの？ ... 42
- **14** 材料や設備、どこをどう変えるとコストに差が出るの？ ... 44
- **15** ＜実例＞見積金額約3000万円の家 プラン変更でコストはどうなる？ ... 52
- **Column** 地震にもっと強い家にするためにかかるコストの目安 ... 62

諸費用 第3章 家づくりの諸費用には何があるの？

- **Question 16** 注文住宅建築にかかわる諸費用には何があるの？ ... 64
- **17** 土地の購入にかかわる諸費用には何があるの？ ... 68
- **18** 住宅ローンにかかわる諸費用には何があるの？ ... 70
- **19** 家づくりにかかわる税金には何があるの？ ... 74
- **20** 他にも予算を組んでおいたほうがいいコストは？ ... 76
- **Column** 入居後にかかるお金のことも考えておこう ... 78

第4章 住宅ローンの基礎知識

Question
- 21 住宅ローンを借りたいときどこに相談に行けばいいの？ ……… 80
- 22 住宅ローンの借入先にはどんなところがあるの？ ……… 82
- 23 建築資金に借りた金額の他にどんな支払いがあるの？ ……… 84
- 24 ネット銀行にはどんな特徴があるの？ ……… 86
- 25 【フラット35】って何？どこで借りても同じ？ ……… 88
- 26 【フラット35】Sって何？【フラット35】とはどう違うの？ ……… 90
- 27 財形住宅融資って何？どんな人が利用できるの？ ……… 92
- 28 提携ローンって何？どんなメリットがあるの？ ……… 94
- 29 住宅ローンを借りるときどんな審査があるの？ ……… 96
- 30 銀行から借りられる金額の目安は出せる？ ……… 98
- 31 【フラット35】からはいくら借りられる？ ……… 100
- 32 3000万円を借りたら毎月いくら返済するの？ ……… 102
- 33 住宅ローンの金利って今は低いの？ ……… 104
- 34 固定金利型や変動金利型、どんな違いや特徴があるの？ ……… 106
- 35 元利均等返済と元金均等返済、どんな違いがあるの？ ……… 114
- 36 元利均等返済と元金均等返済、どちらがおトクなの？ ……… 116
- 37 住宅ローンの返済期間は最長で何年？ ……… 118
- 38 返済期間は何年にすれば安心して返済できる？ ……… 120
- 39 返済期間を組み合わせたり途中で変更したりできる？ ……… 122
- 40 ボーナス返済を使うと返済額はどう変わるの？ ……… 124
- 41 ボーナス返済に向いてる人は？逆に向かない人は？ ……… 126
- 42 繰り上げ返済って何？どんなメリットがあるの？ ……… 128
- 43 繰り上げ返済の上手な利用の仕方は？ ……… 130
- 44 繰り上げ返済について他に知っておくべきことは？ ……… 132

Column 融資の審査で銀行が重視するのは年齢、健康状態など ……… 134

第5章 自分に合った住宅ローンの借り方・返し方

Question
- 45 家づくりの資金計画はまず何から始めればいいの？ ……… 136
- 46 資金計画は将来も考えて立てるというけど、どうすればいい？ ……… 138
- 47 将来、年収が減る人はどんな金利を選べばいい？ ……… 142

48 **A** 家計の余裕が増えないなら返済はいつまでに終わらせる？……144
49 **A** 将来の返済を軽くする他の方法はある？……146
50 **A** 収入に余裕があるうちにしておくといいことは？……148
51 **A** 将来、収入ダウンなら元利均等返済？元金均等返済？……150
52 **B** 将来、収入アップ予定。返済期間はどうしたらいい？……152
53 **B** 将来の家計がラクな人は低金利をどう活用できる？……154
54 **B** 将来、余裕ができるなら繰り上げ返済はどう使う？……156
55 **C** 家計の余裕は変わらない。どんな金利を選べばいい？……158
56 **C** 共働きを続ける予定。たくさん借りてもいい？……160
57 **C** 子どものいない夫婦は教育費がない分、借りられる？……162
58 もしも返済が苦しくなったらどうしたらいいの？……164

Column 8割超の人が金利が変動する住宅ローンを選んでいるが………166

第6章 家が完成したあとに払うお金・もらえるお金

Question
59 不動産取得税ってどんな税金？申告は必要？……168
60 固定資産税と都市計画税ってどんな税金？……170
61 住宅ローン減税ってどんな制度？……172
62 共働きなら住宅ローン減税は2人分使えるの？……174
63 住宅ローン減税を受けるにはどこでどんな手続きが必要？……176
64 消費税率アップ後におトクになる制度はある？……178
65 親からの資金援助が非課税になる制度って？……180
66 2500万円まで贈与税非課税の相続時精算課税制度って？……182
67 親から住宅取得資金の援助があるときの注意点は？……184
68 土地の相続税の節税に有効なのはどんな家？……186
69 将来の負担にならない家にするにはどうしたらいい？……188

編集・執筆 田方みき、関尾英隆　　デザイン・イラスト 梶谷聡美
第2章実例提供 あすなろ建築工房（神奈川県横浜市　https://www.asunaro-studio.com/）

第1章

家づくりを始める前に知っておきたい

家づくりにかかるお金の基礎知識

「そろそろ家を建てよう」と思っていても、ハウスメーカーや建築家探し、資金計画など、はじめてのことばかりで「何から始めればいいのだろう」という人も多いはず。第1章では、知っておきたい基礎知識を学んでいきましょう。ここから家づくりの第一歩が始まります。

introduction

お金の疑問・不安に答えます

家づくりにかかるお金や住宅ローンについて早めに知っておきましょう

　「そろそろ家を建てようかな」と考え始めたときに、避けて通れないのが「お金」のこと。「家っていくらあれば建つんだろう」「自分は住宅ローンをいくら借りられるんだろう」「借りた後、ローン返済が家計の負担にならないかな……」など、はじめての家づくりの場合はとくに、お金についての不安や疑問がたくさん出てくるはず。満足度の高い家づくりにするには、こうしたお金の不安や疑問をそのままにせず、早めに解決しておくことが大切です。この本で、Dr. コストといっしょに勉強していきましょう。

Question 01 家づくりには どんなお金がかかるの?

基礎知識

本体工事費、別途工事費、諸費用の他、土地の取得費がかかります

　家を建てるときにかかるお金は、本体工事費や別途工事費といった「建築費」だけではありません。税金や手数料などの「諸費用」が全体の10％程度かかります。そして、土地を購入して建てる場合は、さらに「土地取得費」がプラスされます。家づくりにかかる費用はこれらの合計です。

　家づくりの際には、貯金の額や年収、家計の事情などをもとに「予算」を設定しているでしょう。予算の上限は、銀行などからの借入額に預貯金などを加えた家づくりのために使えるお金の合計です。家づくりにかかるコストの総額は、予算の上限を超えないように調整しましょう。

　住宅会社にプランの見積もりを依頼する際には、建築費の予算ではなく「家づくりの総予算が○○万円です」と、予算に土地取得費や諸費用などが含まれていることを伝えることで、予算オーバーを回避することができます。

ここが大切!

住宅の建築にかかるお金には、大きく分けて本体工事費と別途工事費がある。別途工事費は解体工事や外構工事など。別途工事費に含まれる工事項目は、住宅会社によって異なるので要確認。

住宅会社によっては、諸費用の概算を見積書に入れてあるところも。依頼先から見積書をもらった際には、見積金額には何が含まれているのか、他に必要なコストはないかを確認しよう。

予算を増やすために、手元にある預貯金をすべて家づくりの自己資金にするのは危険。万が一の病気や今後予定されている出費に備えて、安心できる金額は残しておくようにしたい。

建築コスト＋土地取得費は予算範囲内で

予算	建築コスト	土地取得費

自己資金

借入金

≧

諸費用
10％程度

別途工事費
15〜20％程度

本体工事費
70〜75％程度

＋

諸費用
5〜6％程度

土地代
94〜95％程度

住宅取得のために使える手元にあるお金と、住宅ローンなどの借り入れの合計が「予算」

家づくりには本体工事費や別途工事費の他、諸費用もかかる。別途設計費、監理料がかかる場合も

土地を買って家を建てる場合は、土地の取得費もかかる

KEYWORD

土地取得費

土地取得には土地代金の他に仲介手数料や登記費用が必要。また、ローンを組む場合は事務手数料なども必要。建築条件付き土地など建物とセットの土地は、1本の住宅ローンでまかなうことが可能。

Question 02
別途工事費って何？ いくらくらいかかるもの？

**本体工事には含まれない工事のこと。
建築費の15～20％程度が目安です**

　住宅会社に見積もりを依頼すると、建物本体を建てるための「本体工事費」と、それに含まれない「別途工事費」に分かれているケースが一般的。地盤の補強など不確定要素が多い項目や、上下水道引き込みなど役所がかかわる項目、住宅会社ではなく、施工会社に直接支払いが発生する項目などが、本体工事とは切り離されて別途工事費に分類されます。

　別途工事にはどんな項目が入れられるのか、見積金額に含まれているかは住宅会社によって扱いが違います。また、支払い方法も、施主が工事の都度、直接施工会社に支払う場合もあれば、住宅会社によっては概算金額を預けておき、引き渡し時に精算するケースもあります。別途工事費は、建築コストの15～20％程度というまとまった金額ですから、見積金額に含まれているのかいないのかを早めに確認しておき、あとで思わぬ出費に大慌て、ということのないようにしましょう。

ここが大切！

住宅会社の広告などで「本体価格○○万円」と表記されている金額には、別途工事費が含まれていない場合も多い。別途工事費には建築コストの15～20％程度がかかると覚えておこう。

「別途工事」は「付帯工事」と表記される場合もあり、含まれる工事項目は会社によって違ってくる。見積書をもらって、工事項目や支払い方法について疑問があれば遠慮なく確認すること。

軟弱地盤の場合の地盤補強費や、水道管の引き込み工事費は土地の条件によって費用に大きな差が出てくる。見積金額から変動する場合、いくらくらいの違いが出てくるかの目安を聞いておこう。

別途工事に含まれる主な工事項目

《給排水衛生設備工事》
給水メーターから水栓までの給排水、設備設置にかかわる工事。水道設備会社が施工する

《電気設備工事》
電灯、スイッチ、コンセント、インターホンなどの配線・配管や機器取り付け工事。電気設備会社が施工

《ガス工事》
ガスメーターからガス栓までの配管にかかわる工事。引き込みはガス会社が無償で行う場合もある

《上下水道引き込み工事》
給排水管の引き込み工事。自治体が指定した水道設備会社が施工する。土地の条件でコストが大きく変わる

《外構工事》
ガーデニング会社や外構専門の会社が施工する。建物と同じ建築会社の施工でも別途契約が多い

《照明器具工事》
照明器具の購入費やその取り付けにかかる工事費用などは別途工事に算入されることが多い

《空調設備工事》
エアコン用のコンセントは本体工事だが、エアコンの機器代と取り付け工事費は別途工事扱いが多い

《カーテン工事》
カーテンやカーテンレール、ブラインドなどの設置は、基本的に別途工事扱いになる

《解体工事》
建て替えの場合や購入した土地に古家が残っている場合は、解体費用と撤去処分費用がかかる

《地盤補強工事》
軟弱な地盤の場合に行われる。支持層までの深さと地盤補強の方法でコストは大きく違ってくる

家を建てるにはいろんな工事が行われるんだね

KEYWORD 上下水道引き込み工事費

公道から敷地まで給排水管を引き込むための工事は、水道本管の位置や深さ、道路の舗装の仕様によってコストが違ってくる。また、自治体によっても違う。20万円程度～100万円前後とケースによって幅が出る工事だ。

Question 03

諸費用って何？
いくらくらいかかるもの？

**手数料や税金などいろいろなコストが
建築費の10%程度かかります**

　住宅を建てる際には、家の本体工事や別途工事以外にもかかるいろいろな出費、「諸費用」があります。

　注文住宅を建てる場合、諸費用は家づくりの総コストの10%程度が目安といわれます。つまり、3000万円の家を建てるのであれば諸費用を300万円程度は用意しておく必要があるということです。最近は諸費用も含めて貸してくれる住宅ローンや、諸費用専用のローンもありますが、住宅ローンに比べて金利が高めだったり、返済負担が増えたりするので、諸費用はできるだけ手持ちの資金から出すのが望ましいといえます。とはいえ、金額が大きいので、何がいくらくらいかかるのかを事前に確認し、資金の手当てをしておきましょう。

　なお、諸費用にはどんなものがあるかは、64頁から詳しく解説していますので参考にしてください。

諸費用は家づくりの総コスト(本体工事費、別途工事費、諸費用の合計)のうちの10%程度が目安。現金での支払いが必要になる場合も多いので、まとまった資金を手元に用意しておきたい。	諸費用の金額は依頼する住宅会社、住宅ローンの額でも違ってくる。また、古家のある土地や建て替えの場合は解体費用がかかるなど、家づくりの事情によっても違ってくる。	税金やローンの手数料がいくらくらいかかるか、住宅会社の担当者にたずねると、おおまかな金額を出してくれることが多いが、詳しく知りたい場合は税務署や銀行に問い合わせよう。

諸費用としてかかるコストの例

《地盤調査費》
地盤の強さを調べるためにかかる費用。この結果によって地盤補強工事費も決まる

《仲介手数料》
土地を購入する場合に、仲介に入った不動産会社に支払う手数料。金額の上限が決まっている

《事務手数料》
住宅ローンを借りるときにかかる手数料。金額はローンの種類や金融機関によって違う

《保証料》
連帯保証人の代わりになる保証会社に支払う住宅ローンの保証料。フラット35から借りる場合は不要

《火災保険料》
返済期間中の補償を行う火災保険加入が条件になっている金融機関も

《印紙代》
設計契約や工事請負契約、ローンの契約などの契約書には印紙税がかかる。印紙を貼って納税する

《祭事費》
最近は省略する人も多いが、地鎮祭や上棟式などにかかる費用。地域によって費用の相場が違う

《引っ越し費用》
建て替えの場合は仮住まいへの引っ越し、仮住まいから新居へ、2回分の引っ越し費用がかかる

《解体費》
購入した土地に古家が建っていた場合や、建て替えの場合は解体費用がかかる。構造や規模で費用が違う

《仮住まい費》
建て替えの場合、工事中に暮らす仮住まいの家賃が必要になる。トランクルーム代がかかるケースも

 諸費用にはまだまだいろいろある。金額の目安など、詳しくは64〜79頁を見てみましょう！

KEYWORD　諸費用のコストダウン

税金など、金額が決まっているものは削ることはできないが、住宅ローンにかかわる諸費用は借入先や借り方の工夫で、ある程度コストを下げることも可能。住宅ローン選びは、諸費用も含めて検討しよう。

第1章　家づくりにかかるお金の基礎知識

Question 04

住宅ローンって いくらくらい借りられるの？

借りる人の年収などによって 借りられる金額の上限が決まります

　家づくりでまず考えたいのは「予算」。予算が決まらなければ家の規模や設備のグレードなどプランが立てにくいからです。住宅ローンを利用する人が多いと思いますが、いくら借りるかによって家づくりの予算が違ってきます。

　ほとんどの住宅ローンが物件価格を上限に、借りる人の年収などの条件によって融資限度額を設定しています。つまり、金融機関の条件をクリアしていれば、融資限度額いっぱいまで借りられるというわけです。しかし、注意したいのは「借りられる金額＝ラクに返せる金額」ではないということ。それぞれの世帯によって家計の事情は違い、返済にまわせる安全な金額は違うからです。ここでは、自分が毎月いくらまで住宅ローンにまわせるかを考えて、その場合に借りられる金額を知りましょう。右頁のリストで考えておきたいことをチェックしたら、16〜19頁の表で毎月返済額から出す「借りられる金額」を確認してみましょう。

ここが大切！

銀行では、年間のローン返済額が税込年収の30〜35％までをOKとするところが多い。しかし、この上限では年収があまり多くない人や他に出費が多い人には返済が負担になる可能性が高い。

毎月返済していける金額を決めるときは、現在の「家賃＋住宅取得のための貯金」が、家計を圧迫していないかどうかを考えよう。余裕がないのであれば、住宅ローン返済はそれよりも少ない金額に。

手元の自己資金のうち家づくりにまわせる金額と、借りる金額の合計を出しておくことが資金計画の第一歩。住宅会社などにラフプランを依頼するときには、その金額を総予算として伝えよう。

借りられる金額の目安を知る前にチェック！

第1章 家づくりにかかるお金の基礎知識

| Check 01 | 返済期間を考えよう | 年 |

35年、または80歳くらいまでに完済できる期間を最長返済期間に設定できるのが一般的ですが、定年退職前に完済するのが安心です（118〜121頁参照）。

| Check 02 | 毎月返済額を考えよう | 万　円 |

家計に無理がないのはいくらまでかを考えましょう。ボーナス返済を利用するつもりの人は、「年間返済額※÷12」の金額を書き込んでください。
※年間返済額とは［毎月返済額×12カ月＋ボーナス返済額×2回］

| Check 03 | 金利タイプを選ぼう | 全期間固定金利型／変動金利型 |

完済まで返済額が変わらない**全期間固定金利型**と、金利情勢によって返済額が上下する**変動金利型**。どちらを選ぶかは返済期間や返済額を考えて決めましょう。

| Check 04 | 返済方法を選ぼう | 元利均等返済／元金均等返済 |

ほとんどの銀行ローンで扱っているのは元利均等返済。元金均等返済はフラット35や財形住宅融資など一部の住宅ローンで扱っています（114〜117頁参照）。

さっそく次頁からの表であなたが借りられる金額をチェック！
元利均等返済を選んだ人は **16** 頁へ
元金均等返済を選んだ人は **18** 頁へ

「元利均等返済」の場合の借りられる金額の目安

毎月返済額	金利 / 返済期間	10 年	15 年	
5 万円	1.2%	565 万円	823 万円	
	0.6%	582 万円	860 万円	
6 万円	1.2%	678 万円	987 万円	
	0.6%	698 万円	1032 万円	
7 万円	1.2%	791 万円	1152 万円	
	0.6%	815 万円	1204 万円	
8 万円	1.2%	904 万円	1317 万円	
	0.6%	931 万円	1376 万円	
9 万円	1.2%	1017 万円	1481 万円	
	0.6%	1047 万円	1548 万円	
10 万円	1.2%	1130 万円	1646 万円	
	0.6%	1164 万円	1720 万円	
11 万円	1.2%	1243 万円	1811 万円	
	0.6%	1280 万円	1893 万円	
12 万円	1.2%	1356 万円	1975 万円	
	0.6%	1397 万円	2065 万円	
13 万円	1.2%	1469 万円	2140 万円	
	0.6%	1513 万円	2237 万円	
14 万円	1.2%	1582 万円	2305 万円	
	0.6%	1630 万円	2409 万円	
15 万円	1.2%	1695 万円	2469 万円	
	0.6%	1746 万円	2581 万円	

<この表の使い方>
① タテ軸から「毎月返済額」と「金利」を選択します。
② ヨコ軸から「返済期間」を選択し、タテ軸と交わった金額が、借りられる金額の目安です。
※借りられる金額は金融機関によって違ってきます。この表の数字はあくまでも目安としてください
※金利1.2%は全期間固定金利型、金利0.6%は変動金利型の目安です。適用金利は金融機関によって違います

	20 年	25 年	30 年	35 年
	1066 万円	1295 万円	1510 万円	1714 万円
	1130 万円	1392 万円	1646 万円	1893 万円
	1279 万円	1554 万円	1813 万円	2056 万円
	1356 万円	1671 万円	1976 万円	2272 万円
	1492 万円	1813 万円	2115 万円	2399 万円
	1582 万円	1949 万円	2305 万円	2651 万円
	1706 万円	2072 万円	2417 万円	2742 万円
	1808 万円	2228 万円	2635 万円	3029 万円
	1919 万円	2331 万円	2719 万円	3085 万円
	2034 万円	2506 万円	2964 万円	3408 万円
	2132 万円	2590 万円	3021 万円	3428 万円
	2261 万円	2785 万円	3293 万円	3787 万円
	2346 万円	2849 万円	3324 万円	3770 万円
	2487 万円	3063 万円	3623 万円	4166 万円
	2559 万円	3108 万円	3626 万円	4113 万円
	2713 万円	3342 万円	3952 万円	4544 万円
	2772 万円	3367 万円	3928 万円	4456 万円
	2939 万円	3620 万円	4281 万円	4923 万円
	2985 万円	3626 万円	4230 万円	4799 万円
	3165 万円	3899 万円	4611 万円	5302 万円
	3199 万円	3886 万円	4532 万円	5142 万円
	3391 万円	4177 万円	4940 万円	5681 万円

第1章 家づくりにかかるお金の基礎知識

「元金均等返済」の場合の借りられる金額の目安

毎月返済額	金利 / 返済期間	10 年	15 年	
5 万円	1.2%	535 万円	762 万円	
	0.6%	566 万円	825 万円	
6 万円	1.2%	642 万円	915 万円	
	0.6%	679 万円	990 万円	
7 万円	1.2%	750 万円	1067 万円	
	0.6%	792 万円	1155 万円	
8 万円	1.2%	857 万円	1220 万円	
	0.6%	905 万円	1321 万円	
9 万円	1.2%	964 万円	1372 万円	
	0.6%	1018 万円	1486 万円	
10 万円	1.2%	1071 万円	1525 万円	
	0.6%	1132 万円	1651 万円	
11 万円	1.2%	1178 万円	1677 万円	
	0.6%	1245 万円	1816 万円	
12 万円	1.2%	1285 万円	1830 万円	
	0.6%	1358 万円	1981 万円	
13 万円	1.2%	1392 万円	1983 万円	
	0.6%	1471 万円	2146 万円	
14 万円	1.2%	1500 万円	2135 万円	
	0.6%	1584 万円	2311 万円	
15 万円	1.2%	1607 万円	2288 万円	
	0.6%	1698 万円	2477 万円	

<この表の使い方>
① タテ軸から「毎月返済額」と「金利」を選択します。
② ヨコ軸から「返済期間」を選択し、タテ軸と交わった金額が、借りられる金額の目安です。
※借りられる金額は金融機関によって違ってきます。この表の数字はあくまでも目安としてください
※金利1.2%は全期間固定金利型、金利0.6%は変動金利型の目安です。適用金利は金融機関によって違います

第1章 家づくりにかかるお金の基礎知識

	20 年	25 年	30 年	35 年
	967 万円	1153 万円	1323 万円	1478 万円
	1071 万円	1304 万円	1525 万円	1735 万円
	1161 万円	1384 万円	1588 万円	1774 万円
	1285 万円	1565 万円	1830 万円	2082 万円
	1354 万円	1615 万円	1852 万円	2070 万円
	1500 万円	1826 万円	2135 万円	2429 万円
	1548 万円	1846 万円	2117 万円	2366 万円
	1714 万円	2086 万円	2440 万円	2776 万円
	1741 万円	2076 万円	2382 万円	2661 万円
	1928 万円	2347 万円	2745 万円	3123 万円
	1935 万円	2307 万円	2647 万円	2957 万円
	2142 万円	2608 万円	3050 万円	3471 万円
	2129 万円	2538 万円	2911 万円	3253 万円
	2357 万円	2869 万円	3355 万円	3818 万円
	2322 万円	2769 万円	3176 万円	3549 万円
	2571 万円	3130 万円	3661 万円	4165 万円
	2516 万円	3000 万円	3441 万円	3845 万円
	2785 万円	3391 万円	3966 万円	4512 万円
	2709 万円	3230 万円	3705 万円	4140 万円
	3000 万円	3652 万円	4271 万円	4859 万円
	2903 万円	3461 万円	3970 万円	4436 万円
	3214 万円	3913 万円	4576 万円	5206 万円

Question 05

みんないくらくらいの住宅ローンを借りてるの？

注文住宅の場合、借入額の全国平均は3361万円です

　借りられる金額は借りる人の年収や家計状況、今後の出費の予定などによって違ってきます。とはいえ、家を建てた先輩たちがいくらくらいの家を建て、いくらの住宅ローンを借りているものなのか気になる、という気持ちはよくわかります。

　そこで、令和元年度の国土交通省「住宅市場動向調査」からデータを見てみましょう。注文住宅の場合、住宅ローンの借入額は平均3361万円。年間返済額は平均123.2万円で毎月返済にならすと約10万2667円です。同じ調査では、総資金額のうちの自己資金の割合は平均27.2％となっています。約3割弱の頭金を用意している、ということになります。

　最近は住宅取得費の100％を借り入れることが可能ですが、実際には、無理のない返済計画にするために、頭金を用意して足りない分を住宅ローンから、という人が多いのです。

ここが大切！

注文住宅の場合の借入額の平均は、平成30年度の調査では2734万円。令和元年度は3361万円で上昇した。年間返済額も平成30年度の116.5万円より増えて123.2万円となっている。

令和元年度の注文住宅の場合の頭金の割合は27.2％、返済負担率は平均18.4％。頭金をきちんと用意して、金融機関が融資してくれる上限金額よりも少なめに借りていることが推測できる。

国土交通省の「住宅市場動向調査」は毎年行われており、住宅取得者の平均年収や資金調達方法などのデータもある。webサイトの「e-Stat」(「政府統計の総合窓口」で検索)で確認できる。

みんないくら借りて、いくら返してる?

第1章 家づくりにかかるお金の基礎知識

借入額平均

注文住宅	分譲住宅	中古戸建住宅
3361万円	**2830**万円	**1575**万円

住宅ローンの年間返済額の平均※

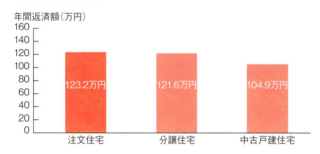

- 注文住宅: 123.2万円
- 分譲住宅: 121.6万円
- 中古戸建住宅: 104.9万円

KEYWORD

総費用と返済負担率の平均※

住宅取得資金総額の平均は注文住宅4615万円(土地取得費含む)、分譲住宅3851万円、中古戸建住宅2585万円。世帯年収に占める住宅ローンの返済負担率は注文住宅18.4%、分譲住宅20.0%、中古戸建住宅15.2%だ。

※「令和元年度住宅市場動向調査」(国土交通省)より。注文住宅の調査地域は全国、分譲住宅、中古戸建住宅は三大都市圏での調査

Question 06
頭金を用意することでどんなメリットがあるの？

**頭金が多いほど借入額と利息が減り
総支払額を減らすことができます**

　家の建築資金は頭金と、頭金だけでは足りない分をまかなう借り入れで支払う人がほとんど。頭金が多ければ多いほど、借り入れを少なくすることができます。

　借り入れが少なければ、支払う利息も少なくなるので、総支払額が少なくなります。同じ建築費の家でも、頭金の額によって総支払額が違ってくるというわけです。

　また、住宅ローンには、店頭表示金利よりも低い「引き下げ金利」が用意されているケースが多いのですが、引き下げ金利が適用になる条件に「頭金20％以上」などの項目がある金融機関も。右頁では、「頭金がない場合」「頭金を20％用意した場合」「頭金を20％用意して引き下げ金利が適用になった場合」の総支払額を比較してみました。頭金の有無でずいぶん差が出ることがわかるでしょう？　今は頭金がなくても住宅ローンで全額借りることも可能ですが、総支払額を考えれば頭金は多いほうがいいですね。

頭金を多くして借入額を少なくすれば、利息分が減らせるうえに、借入額によって違ってくる保証料をコストダウンすることもできる。銀行によっては保証料無料などの特典があるところも。

頭金の割合が低い場合、住宅ローン審査が厳しく、希望額が借りられないことがある。また、諸費用には現金での支払いが必要なものもあるので、ある程度の現金は準備しておこう。

頭金を用意できない、または極端に少ない人は、住宅取得計画の練り直しをしたほうがいい。貯金ができない家計体質の場合、教育費などの出費増加がきっかけでローン返済が苦しくなる可能性もある。

頭金の有無で総支払額はこう変わる

ローンの条件 物件価格3750万円／返済期間35年／金利2.475%（変動金利型／店頭表示金利）
返済方法：ボーナス返済無し、元利均等返済 ※金利は完済まで変動しないものとして試算

頭金なし 借入額3750万円の場合	毎月返済額 **13万3558**円 総支払額 約 **5610**万円 （内、利息1860万円）
頭金20% 借入額3000万円の場合	毎月返済額 **10万6846**円 総支払額（頭金含む） 約 **4488**万円 （内、利息1488万円）
頭金20%で金利が0.6%に引き下げ 借入額3000万円の場合	毎月返済額 **7万9208**円 総支払額（頭金含む） 約 **3327**万円 （内、利息327万円）

頭金が増えれば、その分借入額を減らすことができます。このケースでは、借入額が3750万円から3000万円になることで、総支払額は約1122万円少なくなります。さらに、頭金20%以上で引き下げ金利が適用になれば、頭金なし・金利2.475%に比べて総支払額は約2283万円少なくなります。

KEYWORD 引き下げ金利適用の条件

店頭表示金利よりも低い金利が適用されるためには、銀行が設定した条件をクリアすることが必要。給与振込口座や公共料金の引き落とし口座の開設や、一定割合以上の頭金の用意などが条件になることが多い。

Question 07

建てる地域や場所によって家づくりのコストに差は出る？

土地代には地域差や立地差が出ます。
家づくりのコストは施主の選択次第です

　ここでは家づくりにかかるコストの地域差について見てみましょう。右頁のデータにもあらわれているように、地方よりも首都圏の家は高くなっています。同じ首都圏でも、都心に近づくほど一戸建てを取得するための金額は上がるというのが一般的です。また、地方でも郊外よりは都市部のほうが住宅の取得費は上がると考えられます。これは首都圏や都市部のほうが建築にかかる人件費などが割高になる場合があること、土地の取得費が高くなることなどが大きな理由といえます。とはいえ、近年はプランの工夫や住宅資材・設備機器の大量仕入れなどで建築費を抑えた、ローコスト住宅という選択肢も一般的になり、建築コストは地域差よりも施主がどれくらいお金をかけるかによって決まるようになりました。土地の取得費は首都圏や都市部のほうがどうしても高くなりますが、建物に関するコストは、施主が予算に合わせて選択することができるのです。

ここが大切！

建築にかかるコストは地域によって差がある。三大都市圏とそれ以外を比べると、住宅面積平均はどちらも約127㎡でほぼ同じだが、建築費の平均には約360万円の開きがある。

住宅会社によっては、基本プランを用意して手間を省いたり、シンプルな間取りや外観デザインにしたりでコストを落とす工夫をしているところも多い。家づくりのコストは設計によっても上下するのだ。

右頁は2018年度中にフラット35を利用して家を建てた人を対象に行った調査。注文住宅の建築費の全国平均は2017年度が3356万円なのに対し、2018年度が3391万円でアップしている。

注文住宅の建築費の平均[※1]を見てみよう

[※1]「2018年度フラット35利用者調査報告」(住宅金融支援機構)より

注文住宅の建築費[※2]

全国平均 3391万円

都道府県別の平均をピックアップ

東京都	3973万円
千葉県	3537万円
神奈川県	3718万円
埼玉県	3468万円
愛知県	3538万円
大阪府	3611万円
兵庫県	3469万円
福岡県	3409万円
北海道	3278万円

[※2] 土地取得のための借り入れがない人の場合

土地＋注文住宅の所要資金

全国平均 4112万円

都道府県別の平均をピックアップ

東京都	5644万円
千葉県	4222万円
神奈川県	4856万円
埼玉県	4409万円
愛知県	4591万円
大阪府	4357万円
兵庫県	4295万円
福岡県	4108万円
北海道	3706万円

KEYWORD

土地の購入

家を建てるための土地を購入することからスタートする場合、土地のみで販売されている宅地、建築会社が指定されている建築条件付き土地、古家付きの土地などを購入する選択肢がある。

Question 08

広告に書かれている「坪単価」って何？

延床面積当たりの本体価格（本体工事費）のことです。算出方法が会社によって違う点に注意しましょう

　「坪単価」という言葉を聞いたことはありませんか？これは1坪（約3.3㎡）当たりの本体価格（本体工事費）がいくらかかるかをあらわすものです。「本体価格（税抜）」を「延床面積（坪数）」で割ったものが「坪単価」です。例えば、本体価格が3000万円、延床面積が40坪の家なら、坪単価は75万円ということになります。

　注意したいのは、坪単価の算出方法が住宅会社によって違うということ。本体価格を延床面積ではなくバルコニーや吹抜けなども含んだ施工面積で割っているケースがあるのです。右頁の図を見てみましょう。この場合、延床面積で割るよりも坪単価は低くなります。また、どんな設備や住宅部材を想定しているかによっても坪単価は違ってきます。ですから、坪単価だけを比べて「A社よりもB社のほうが安い」といった判断は的確ではありません。ただし、同じハウスメーカーの商品であれば、坪単価の比較でグレードの違いが分かります。

ここが大切！

ハウスメーカーの広告に記載されている坪単価は、標準仕様で建てられた場合の本体価格で計算されることが多い。そのため、希望のプランを盛り込んで建てる注文住宅の坪単価は広告とは違ってくる。

坪単価を出すときに使われる本体価格には、外構費や屋外給排水管工事費などの別途工事費が含まれていないのが一般的。そのため、実際にかかる費用は坪単価×延床面積よりも多くなると考えよう。

坪単価を出すときに本体価格を割る面積に、「延床面積」を使う会社と、延床面積よりも大きい「施工床面積」を使う会社がある。施工床面積に何を含むかも住宅会社によってまちまちだ。

坪単価の算出方法に要注意！

坪単価はどう計算する？

| 本体価格 | ÷ | 延床面積※ | ＝ | 坪単価 |

＜CASE＞ 本体価格が3000万円、延床面積が40坪の場合
3000万円÷40坪＝坪単価75万円
※施工面積で算出する場合もある

本体価格3000万円。「延床面積」と「施工面積」の違いはこう出る！

延床面積
（40坪）

1F　　　　　　　2F

坪単価は？

| 本体価格 | ÷ | 延床面積 | ＝ | 坪単価 |
| 3000万円 | | 40坪 | | 75万円 |

各階の「床」がある部分の面積の合計が延床面積。左の間取図のように、吹抜けやポーチは含まれない

施工面積
（43坪）

1F　　　　　　　2F

坪単価は？

| 本体価格 | ÷ | 施工面積 | ＝ | 坪単価 |
| 3000万円 | | 43坪 | | 約69.8万円 |

実際に施工した部分の面積。ベランダや玄関ポーチ、吹抜けも含まれるため延床面積よりも面積が大きくなる

 同じ住宅でも、坪単価は算出方法によって変わります。坪単価を見るときは、算出方法にも注目しましょう。

KEYWORD

本体価格から出す坪単価

坪単価を算出するベースになる「本体価格」には、家づくりに必要になる「別途工事費」や「諸費用」は含まれていない。このため、実際にかかる坪当たりの費用は、坪単価の2〜3割増しと考えよう。

Question 09
同じくらいの大きさの家でも坪単価に違いが出るのはなぜ？

プランや仕様の違いによって本体価格が上がれば坪単価もアップします

　坪単価はさまざまな要因に左右されるため、同じ住宅会社で建てた同じくらいの床面積の家でも、坪単価に差が出ることがあります。同じ床面積でも箱型の総2階の家と凹凸の多い複雑な形の家とでは、後者のほうが必要な材料や手間が多く本体価格は大きくなります。使われる内装材や外壁、設備のグレードが上がっても同様。本体価格が上がれば、坪単価は大きくなります。

　また、延床面積が小さいほど坪単価は上がります。延床面積が減れば、材料費が減って本体価格もダウンし、坪単価は変わらないのでは？と思うかもしれません。でも、床面積が減ってもキッチンやバス、トイレなどの住宅設備の数は減りませんし、運搬費や施工費なども床面積にはあまり左右されません。そのため、同じ仕様の家なら、家が小さくなるほど「本体価格÷延床面積」で出される坪単価は上がる傾向にあるのです。

ここが大切！

同じ延床面積の家では、本体価格が上がると坪単価もアップする。本体価格は「間取りなどのプラン」「外観デザイン」「設備・部材のグレード」「構造・工法」などによって違ってくる。

同じようなプラン、グレードの家にした場合、延床面積が小さいほうが坪単価は大きくなる。これは設備などの価格や施工費、人件費、諸経費などが延床面積とは比例して減ることがないからだ。

広告に出ている坪単価をもとに、建てたい家の価格を正確に算出することはできない。ただし、広告のプランを基本として、自分の希望する家が高くなるか安くなるかの見当をつけることはできそう。

プランがシンプルなほど坪単価は小さくなる

シンプルなプラン

1F

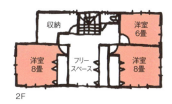
2F

| 本体価格 3000万円 | ÷ | 延床面積 40坪 | = | 坪単価 75万円 |

複雑なプラン

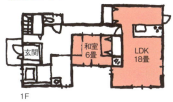
1F

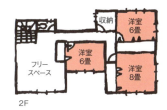
2F

| 本体価格 3300万円 | ÷ | 延床面積 40坪 | = | 坪単価 82.5万円 |

延床面積や部屋数、設備のグレードが同じでも、形が複雑になることで本体価格がアップし、坪単価が高くなる

KEYWORD 工法の違いによる坪単価

床面積や間取り、設備のグレードなどが同じくらいでも、構造によって坪単価に違いが出る。例えば、鉄筋コンクリート造の家は木造の家に比べて坪単価は高い傾向にある。

第1章 家づくりにかかるお金の基礎知識

Question 10

基礎知識

注文住宅を建てるためのお金はいつ支払うの？

**契約から引き渡しまでの間に
数回に分けて払うのが一般的です**

家を建てるときの住宅会社に対する支払いは、一般的な買い物とは違います。商品（建物）と引き換えに全額を支払うのではなく、建築請負契約※1を交わすときから引き渡しまでの間に数回に分けての支払いになるのが一般的です。

何回に分けて支払うのか、分割の割合はどうなるのかは、住宅会社によって違ってくるので、早い時期に説明を受けておきましょう。一般的なのは、建築請負契約時、着工時、上棟時、引き渡し時の4回に分けて支払うケース。右頁は契約金は工事費の10％、着工金・中間金・引き渡し時の残金で各30％ずつ支払う例です。

なお、住宅ローンで借りたお金が出るのは引き渡し後の抵当権設定登記が終わってから。その前に必要なお金は、金利は高めですがつなぎ融資を利用することになり、自己資金がなくても支払うことができます。

ここが大切！

建築費の支払いのタイミングや分割回数、割合などは施主の事情によって柔軟な対応をしてくれる会社もある。契約前に支払い方法の確認をして、難しそうであれば相談してみるといいだろう。

工事代金の他に、建築請負契約と住宅ローン契約のときには、契約書に貼る印紙代が必要。物件の引き渡し時には登録免許税などの登記費用、ローンの諸費用の支払い、固定資産税の精算などがある。

最近は地鎮祭や上棟式を行わない人も多いが、行うのであればそれぞれに費用がかかる（77頁参照）。住宅会社が用意したり、必要なものがセット商品で売られていたりする場合もある。

※1 建築請負契約とは、プラン確定後に住宅会社と結ぶ建築工事実施の契約のこと

注文住宅のお金、いつ払う？

購入の流れ（大手・中堅ハウスメーカーの場合） / **払うお金（例）**

購入の流れ	払うお金（例）
建築請負契約	契約金（工事費※2の10％）・印紙代

※2 本体工事費と別途工事費の合計

建築確認申請・検査料	建築確認申請、中間検査、完了検査手数料（各3万円前後）※3

※3 他に図面作成料などが20万～30万円程度必要。住宅会社によっては、設計料に含まれている場合もある

着工	着工金（工事費の30％）

上棟式	中間金（工事費の30％）

竣工	

ローン契約	印紙代

引き渡し	残金（工事費の30％）・ローン関連諸費用・登記関連費用

KEYWORD ── 支払いスケジュールの違い

支払いのタイミングは住宅会社によって異なる。契約時、上棟時、木工事完了時、引き渡し時に支払うケースも少なくない。支払いの直前になって慌てることがないよう、事前に住宅会社へチェックしておこう。

column

今、自己資金がいくらあるのかを チェックしておこう

　わが家はいったいいくらを頭金にできるのでしょうか。それを知るためには、まず、今いくら持っているのかを確認することが必要です。下の書き込みシートに1万円単位のおおまかな数字でもいいので書き込み、わが家の資産状況を把握しておきましょう。

わが家の資産チェック表

現在手元にあるお金

銀行口座　（　　　　　　　　）銀行	万円
（　　　　　　　　）銀行	万円
（　　　　　　　　）銀行	万円
（　　　　　　　　）銀行	万円
解約できる保険など	万円
換金できる有価証券など	万円
その他	万円
合計	万円

＋

贈与

親や祖父母から受けられそうな資金援助の金額	万円

↓

合計	万円

第2章

予算内で理想の家にするために

家を「建てる」ために かかるお金は どこで差が出るの？

注文住宅に「定価」はありません。限りなくお金をかけることもできれば、プランの工夫でコストを抑えることもできます。予算内で満足できる家づくりをするためには、コストをかけるところと、抑えるところのバランスが大切。ここでは、プランによるコストの違いについて、実例も紹介しながら解説します。

Question 11　予算内で希望の家を建てるにはどうすればいいの？

コスト

何がコストを左右するのかを知り
お金のかけ方のバランスを考えましょう

　ほとんどの人の家づくりには「予算」があるでしょう。予算内で満足度の高い家を完成させるためには、コストをかけるところと抑えるところのバランスをとることが大切です。

　例えば、家の外観や大きさにはこだわらないから設備を高機能な最新のタイプにしたい場合は、凹凸の少ないシンプルでコンパクトな家で建築費を抑える。人が集まる場所を豪華にしたい場合は、LDKの内装やデザインにお金をかけて、個室はコストを抑えるなどメリハリをつけることが予算内でのプランニングにつながります。

　施工面積の少ないシンプルな家にすること、部材や設備は安く調達できるスタンダードなものにすることなどが、コストを抑えるポイントです。あまりこだわらない部分はコストを抑え、「家を建てるならこうしたい！」と思い描いていた部分にお金をかけるといいでしょう。

ここが大切！

住み心地の善し悪しは、躯体の質や断熱仕様など建物の見えない部分に左右される。躯体や断熱性能など、住宅としての機能や性能に影響する部分は、コストをしぼらないほうが賢明だろう。

どうしても予算をオーバーしてしまう場合、壁や天井など後からリフォームで変更しやすい部位の材料のグレードを落とす方法も。施工面積の大きな部分なので、コストダウンの効果も大きくなる。

コストを下げるため、施主自身が設備器具や材料の調達、施工をすることもできる。ただし、不具合が起きた場合の責任の所在が曖昧になるなどの理由で住宅会社から断られることも多い。

コストを左右する基本ポイント

家の大きさ・形

施工面積が大きくなるほど材料費がかかり、必要な足場や工期も増える。建てる家が大きければ大きいほどコストはアップする。また、同じ床面積の家でも凹凸が多ければ外壁材など必要な材料が増え、施工の手間もかかる。コストを抑えやすいのは凹凸が少なく、シンプルな形の家だ

間取り

部屋数が多かったり、ロフトやスキップフロアを多用したりした複雑な間取りの家は、壁が多い分、内装材が多く必要になり施工の手間もかかるためコストがアップする。間仕切りの少ないオープンな間取りのほうが、コストは抑えられる。また、部屋や収納のドアの数によってもコストは上下する

使用部材や設備のグレード

外壁材や窓、床材や壁紙、水廻り設備など、グレードに幅があるものはどれを選択するかで材料費が変わる。また、外壁材や壁紙、床材など材料によって施工方法や下地処理などが違うものは、施工期間の違いで人件費が上下する場合もある

土地の価格

土地を購入して家を建てる場合、土地の取得費用が総コストの中で大きな割合を占めることになる。土地の広さや形状、方位、場所、地域などによって土地の価格には大きな差が出る。土地選びによって総コストは百万円単位で違ってくることも

LCC（ライフ・サイクル・コスト）

LCCとは、竣工から家の耐久年数を超え解体するまでを含めた総費用（生涯費用）のこと。家を建てるために必要な建設費用（イニシャルコスト）だけでなく、水道光熱費やメンテナンス費などのランニングコストも含まれる。断熱性能、耐久性能、メンテナンス性なども考慮し、費用対効果を考えて家を計画する必要がある

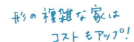

形の複雑な家はコストもアップ！

KEYWORD

相見積もり

複数の会社にラフプランと見積もりを依頼するのが相見積もり。同じ希望条件下で複数の提案を比較できるため、コストの目安がイメージしやすくなる。同じ床面積でも、仕様や性能に違いがあるので注意しよう。

コスト

Question 12 何年後にどのくらいのランニングコストがかかるの？

家の維持・修繕費は約30年で1800万円にもなります

　家を建てるときには初期費用に目が行きがちですが、実際は住んでからのランニングコストが大きな比率を占めるのです。ランニングコストを含めたトータルの費用（LCC）で家づくりのコストを考えておかないと、生涯でかかる費用が将来的に大きな負担に。ランニングコストは、光熱費、火災保険、税金などの日々の生活費に加え、メンテナンス費用など周期的に必要となる費用に分けられます。生活費は、季節ごとに毎日かかる費用ですから、一日の費用は小さくてもトータルとしては大きな費用になっていきます。メンテナンス費用は、回数は少なくても外壁や屋根の修繕費など1回で数百万かかることも。外装材を高耐久のものに変えて耐用年数を延ばし、メンテナンス周期を子どもの就学タイミングなど出費の多い時期とずらして計画するなど配慮しましょう。メンテナンス費用は、マンションの修繕費と同じように、毎月積み立てておくことをおすすめします。

ここが大切！

住宅会社が提供する長期保証の中には、定期検査や修繕工事が相手主導で行われ、結果的に大出費となるケースも。補償内容が自分のニーズに合っているのか事前に確認しておくとよい。

建物だけでなく、給湯器、食洗機、空調機などの設備にも耐久年数がある。メーカーにもよるが、およそ10年で更新が必要と考えておこう。取り替えやすい器具を選定しておくことも必要だ。

仕様を選ぶ際は、断熱性能を高めることがとても重要だ。光熱費を安く抑えられるだけでなく、健康に対してもメリット大。風邪や疾病にかかりにくくなり、ヒートショックの危険性も下げられる。

30年間で見た修繕費と水道光熱費

修繕費

一戸建ての修繕費は1年で5万円、10年ごとに250万円にもなり、30年間トータルで約900万円と無視できない金額となる。マンションの管理費と修繕費(積み立て金)は、月平均2.5万円程度で、こちらも30年間では約900万円に。一戸建ても、マンションと同じだけ修繕費がかかるものといえる。

光熱費

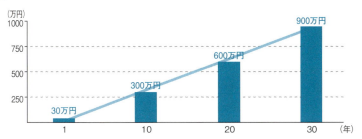

住宅の性能によっては、電気代が月に3万円以上かかる場合も。年間で平均して電気代が1万5000円、ガス代が5000円、水道代が5000円とすると、トータルで月2.5万円となる。年間30万円なので、30年間では900万円となる。

> 30年でトータル **1800** 万円のコストがかかる

部位毎にかかるランニングコストを見てみよう → 38頁へ

KEYWORD

高性能住宅

30歳代で家を建てた場合、断熱性能によっては維持費が初期費用の4倍[1]になることも。高性能住宅[2]なら、現行法基準の住宅[3]と比較して、光熱費だけでも30年で約640万円節約できる。[4]

※1 築60年間で試算した場合
※2 HEAT20によるG1以上の住宅を指す
※3 次世代省エネルギー基準の住宅を指す
※4 高性能住宅の電気代を月1万円、現行法基準の住宅を月2.5万円として試算

ライフ・サイクル・コスト早見表(建築)

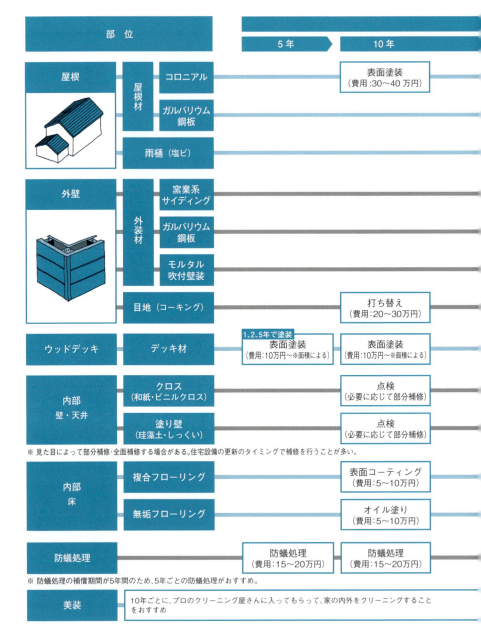

※ 見た目によって部分補修・全面補修する場合がある。住宅設備の更新のタイミングで補修を行うことが多い。

※ 防蟻処理の補償期間が5年間のため、5年ごとの防蟻処理がおすすめ。

<注意事項>
・屋根、外壁、雨樋、目地の工事を行う際には、足場代(20～50万円)が別途必要となる。
・塩害地域を除く。
・交換材についてはすべて廃棄代が含まれている。

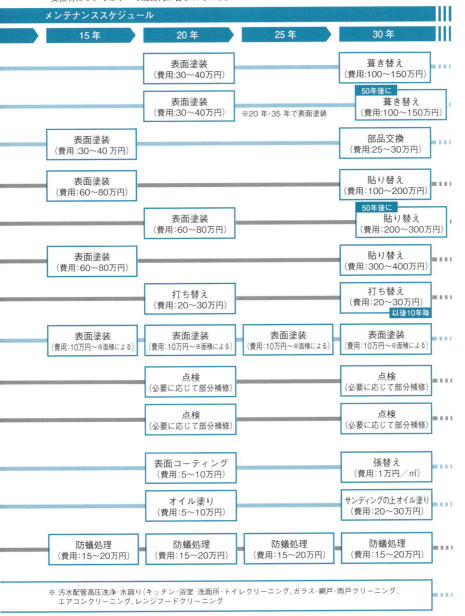

※ 汚水配管高圧洗浄・水廻り(キッチン・浴室・洗面所・トイレクリーニング、ガラス・網戸・雨戸クリーニング、エアコンクリーニング、レンジフードクリーニング

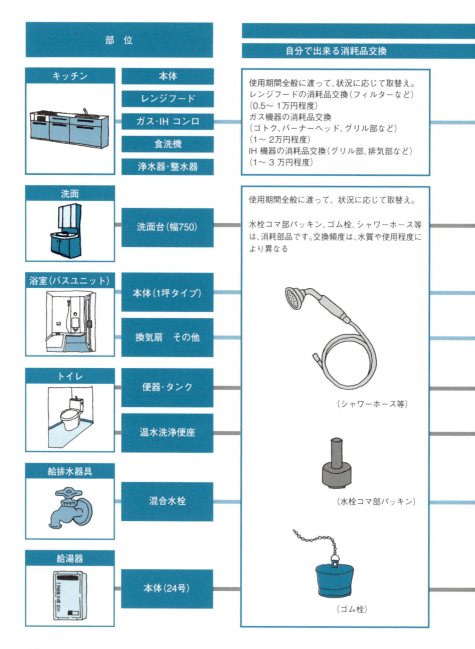

<注意事項>
・屋根、外壁、雨樋、目地の工事を行う際には、足場代（20～50万円）が別途必要となる。
・塩害地域を除く。
・交換材についてはすべて廃棄代が含まれている。

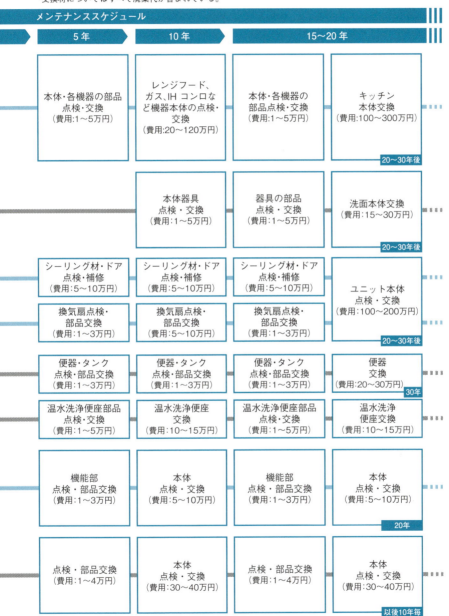

Question 13 形が変わるとコストはどう変わるの？

コスト

**プランと断面形状よって
コストが大きく変わります**

　さまざまな要因のなかでも、コストに大きく影響するのが家の「プラン」と「断面形状」。床面積、設備（キッチン、浴室、トイレ、洗面所、給湯器など）は同じでも、外壁や屋根などの施工面積に応じて、その分材料費や大工さんの手間が増えるからです。一番費用のかからない形状とは、「総2階の真四角の家」。吹抜けや下屋、バルコニーが無い真四角の家です。たとえばプランが凸凹している場合、外壁の面積が2割以上も増えます。屋根の形も複雑となり、外装の費用も膨らみます。さらに断面形状の凸凹、吹き抜けや下屋があると、室内の壁や天井の施工面積が増えます。外にバルコニーやウッドデッキなどがある場合は、当然それらの費用を加算する必要もあるでしょう。また、平屋の場合は基礎と屋根の面積が大きくなるので総2階の家よりもコストは高くなります。右頁で、形状が変わると具体的にどのようにコストが増えるのか、チェックしてみましょう。

ここが大切！

外気に直接触れる外壁や屋根の面積が増えれば、それだけ熱環境的には不利になる。複雑な形状とする場合には、不要に光熱費が増加しないよう、断熱性能もしっかりと確保する必要がある。

外壁や屋根の形状が複雑になると、部材どうしの接合部からの雨漏りのリスクが高まることに。将来的に修繕費が割高になる傾向があるので、事前の修繕計画も欠かさず検討しておこう。

家具を購入するか、造作家具とするかでもコストは変わってくる。前者は自己資金での準備となるが、後者は費用を住宅ローンでまかなえる。造作家具の方が、結果的にメリットが多い。

プラン・断面形状変更によるコストアップの例

プランで変わるコスト

プラン形状が凸凹している場合、基礎、木工事（躯体）、外壁の値段が増え、標準プランから約200万円のコストアップになります。

標準プラン

変形プラン

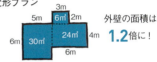

外壁の面積は **1.2倍に！**

3000万円

仮設100万円／基礎200万円／木工事1100万円／屋根100万円／外壁200万円／建具150万円／内装 200万円／家具50万円／設備450万円／外構150万円／諸経費300万円

→

3200万円

仮設100万円／基礎250万円／木工事1150万円／屋根150万円／外壁250万円／建具150万円／内装200万円／家具50万円／設備450万円／外構150万円／諸経費300万円

断面形状で変わるコスト

バルコニーと下屋を付けた場合、基礎、外壁、特に木工事（躯体）の値段が増え、標準プランから約400万円のコストアップになります。

標準プラン

変形プラン

3000万円

仮設100万円／基礎200万円／木工事1100万円／屋根100万円／外壁200万円／建具150万円／内装200万円／家具50万円／設備450万円／外構150万円／諸経費300万円

→

3400万円

仮設100万円／基礎250万円／木工事1250万円／屋根150万円／外壁250万円／建具150万円／内装300万円／家具50万円／設備450万円／外構150万円／諸経費300万円

KEYWORD **敷地条件**

敷地条件によっては、駐車場の土間コンクリートや擁壁（ようへき）、植栽などに大きな費用がかかる。事前調査の上、予算を確保しておこう。

Question 14 材料や設備、どこをどう変えるとコストに差が出るの？

コスト

住宅の部位によって
コストの違いが出るポイントは違います

　住まいの建築に使われる外壁や床材、壁紙などの材料や、キッチン、浴室などの設備etc. 素材やデザイン、機能などによって、多くの選択肢があります。家づくりの楽しさは、これらの選択を積み重ねて自分の好みのイメージを形にしていくことでしょう。このとき、頭を悩ませるのが何を選ぶかによってコストが違ってくること。ここでは、住宅の部位別に、どんな選択をすればコストが上がるのか、または抑えられるのかをまとめてみました。予算をかける場所、節約する場所を考える参考にしてください。

外 構

敷地条件によってはコスト大幅増！要注意

　外構工事は本体工事とは分けて見積りされます。どんなに狭い敷地でも、外構工事費がゼロになることはありません。アプローチや駐車場の仕上げも砂利敷き、コンクリート、インターロッキングなどいろいろ。シンボルツリーや目隠し用の植栽も、高さによって値段が変わります。お隣との境界に設置するフェンスも同様です。道路に対して高低差がある敷地なら、擁壁や階段、スロープが必要なので、大きなコストアップとなります。

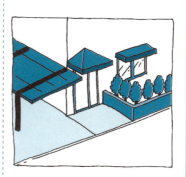

カーポート付きのシンプルなアプローチ

砂利敷き　3000円／㎡〜
コンクリート仕上げ　1万2000円／㎡〜
インターロッキング仕上げ　1万円／㎡〜
ブロック積み＋フェンス　2万5000円／m〜
屋根付きカーポート　35万円／台〜

屋根

仕上げと形状によってコストが変わる

屋根はどんな屋根材なのか、どんな形の屋根なのかによってコストが違ってきます。最近は軽量で安価なコロニアル葺きが一般的。屋根の形は、寄せ棟や切妻といった勾配のある屋根か、陸屋根かになりますが、複雑な形状の場合、役物（やくもの）と呼ばれる部材が増えるためコストアップになります。屋根の葺き方で雨樋の長さが、仕上げ材料でメンテナンスのサイクルが変わってくるので、慎重に選定しましょう。

ガルバリウム鋼板

立ハゼ葺き8500円／㎡〜、横葺き7500円／㎡〜。従来のトタン屋根（亜鉛メッキ）にアルミウムを混ぜ、防錆性・耐久性を大幅に向上させた屋根材。板厚0.35mmと、屋根材の中でも板厚が非常に薄くて軽いのが特徴

屋根材のバリエーション

スレート（コロニアル葺き）

6000円／㎡〜。セメントと無機質繊維を混ぜて成形したもの。表面に塗装を施して防水性や耐久性をもたせているため、定期的なメンテナンスが必要

アスファルトシングル

5500円／㎡〜。無機質繊維の基材をアスファルトで塗覆し、表面に細かい砂利を付けて着色したもの。曲面や複雑な屋根にも施工しやすい

日本瓦（本陶器瓦）

1万5000円／㎡〜。瓦の表面に釉薬を塗って焼き上げた陶器瓦（釉薬瓦）が一般的。色が多彩で耐久性に優れ、瓦のなかでは比較的安価

洋風瓦（F型瓦）

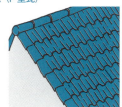

1万円／㎡〜。粘土をベースとした粘土瓦が一般的。フラットな形状の「F型瓦」と凹凸が明瞭で立体感のある「S型瓦」の2つに大別される

外壁

材料の耐蝕性・耐候性を よく理解して選ぼう

外壁は建物の印象づける大事な要素。タイル、モルタル塗り壁、サイディング、ガルバリウム鋼板、木板などそのバリエーションもさまざま。防火地域や準防火地域など、建てる地域によっては外壁に燃えにくい素材※を使用しなければなりません。また、材料によってメンテナンスのサイクルが大きく変動します。壁材のみならず、隙間を埋めるコーキングは壁材よりも耐久性が短くなることが多いため、特に注意しましょう。

サイディング

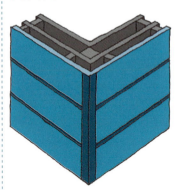

5500円／㎡〜。セメントと繊維質が主な原料とした板状の外装材。火に強く、軽量で施工性がよく安価。防水・気密性を確保するために施すシーリングの劣化が目立ちやすい

壁材のバリエーション

ガルバリウム鋼板

1万円／㎡〜。薄くて軽く、耐久性・耐蝕性に優れるが、海岸部など塩害のある立地の場合は要注意

モルタル塗り

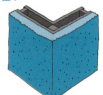

9000円／㎡〜。セメントと砂と水を混合したものを塗った後に塗装を施す。味わい深い質感で、ひび割れると防水性能が劣るので細めに補修が必要

木板

1万円／㎡〜。あたたかな風合いをもつ。天然材のため虫害などにも注意が必要。防火・準防火地域などでは使用に際して一定の制限を受ける

タイル張り（乾式工法）

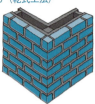

1万5000円／㎡〜。下地板の上に接着剤などで張ったり、引っ掛けたりして施工する。シーリングの打ち替えなどのメンテナンスはなくなるが、コストは割高となる

※　建築基準法で定められた不燃性をもつ素材。地域の防火規制や建物の構造などにより一定の性能が求められる

外部開口

開口部選びは室内環境や光熱費も考慮に入れて

　サッシの種類は、アルミ、アルミ樹脂複合、樹脂、木製に大別されます。ガラスもペアガラスや、断熱防音性能の高いもの、3重になったトリプルガラスなどが選べます。単価は高くても、室内環境や日々の光熱費を考えると、断熱性能の良いものどうしの組み合わせとするのが◎。玄関扉もアルミや木製などがありますが、断熱性と機能性を考慮して選定しましょう。準防火地域に建てる場合は形状や窓の種類に制限があるので要確認。

高機能になるほど価格もアップ

窓
アルミサッシ　2万円／箇所〜
アルミ樹脂複合サッシ　3万円／箇所〜
樹脂サッシ　3万5000円／箇所〜
木製サッシ　10万円／箇所〜
※ガラスはLow-Eペアガラスとして算定

玄関ドア
30〜60万／箇所〜装飾性の高いドアや、2枚で1組の親子ドアなどデザインによって価格の高いものがいろいろある。また、最近はセキュリティを強化したものも多くなっている。カードキーやスマートキー、指紋認証タイプなど、導入しているセキュリティのレベルによってもコストがアップする

内装

部屋の内装材は用途に応じて変えても◎

　床の仕上げは用途に応じて、浴室であればタイル、リビングなら無垢材や合板のフローリング、クッションフロアなどを選べます。壁は一般的なビニルクロスに加え、漆喰や珪藻土などの塗り壁、木板など多彩な質感が選べます。天井は壁と同じ仕上げとするのが一般的ですが、部分的に材料を変えたり、部屋ごとに仕上げを変えることも可能です。メンテナンス費用や周期も考慮した上で、部屋の用途に応じて選択しましょう。

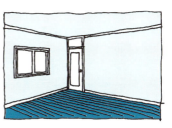

床：タイル　8000円／㎡〜
　　　無垢フローリング　5000円／㎡〜
　　　合板フローリング　3000円／㎡〜
　　　クッションフロア　2500円／㎡〜

壁：ビニルクロス　1400円／㎡〜
　　　塗り壁　3500円／㎡〜
　　　木板　　4000円／㎡〜

畳小上がり

多用途に使える畳小上がりがコストが抑えられて便利

　和室は独立して設けるのではなく、リビングと一体的に使える畳小上がりとするのが近年の流行です。間仕切りに襖やロールスクリーンを用いることで、子どもの遊び場、家事室、客間など、状況に応じて多用途に使うことができ、和室に比べてコストも抑えられます。床の仕上げは、一般的な縁の付いた畳ではなく、縁の無い半畳の薄畳が好まれています。また、リビングの床との段差部分に収納を造り付けられる点も、人気の理由です。

畳小上がり
約7万円／㎡〜

8畳の和室
(中級グレード)
床：標準畳
壁：じゅらく塗の壁
天井：杉板張り
床柱：杉の絞り丸太
約100万円〜

家具

造り付け家具なら住宅ローンでまかなえる

　玄関収納、トイレ収納、テレビ台などの家具は、暮らしやすさを決める重要な要素。竣工後に購入する置き家具とするよりも、造り付けとするのがおすすめです。空間に無駄がなくどんな場所にもすっきりと収められます。その上、費用を住宅ローンでまかなうことができるのです。また、単価が高くても耐久性の高い無垢材などを用いれば、買い替えなどもなく長く使えて結果的にコストも抑えられるでしょう。

玄関収納
建材メーカー製
20万円／箇所〜

トイレ収納
20万円／箇所〜

洗面台　20万円／箇所〜
ダイニングボード　50万円／箇所〜
テレビ台　10万円／箇所〜
スタディカウンター　5万円／箇所〜
クローゼット　5万円／箇所〜

キッチン

こだわりを見せるキッチンは
コスト差も大きい

　大きくはメーカー製の既製品とするか、完全オーダーとするかによってコストが変わります。アイランド型、L型など形状もさまざまです。細かくは、水洗金具、コンロ、レンジフードなどの器具や、扉やカウンターの仕上げ材のグレードによって差がつきます。たとえば一般的な幅2550mmのI型キッチンでも、選択肢によって50～200万円のコスト差が出ることも。便利だからと不要に部品を追加するのではなく、自分のニーズに合った装備を考えましょう。

I型幅 2550mm モデル

メーカー製　廉価版
50万円／箇所～
メーカー製　標準グレード
75万円／箇所～

メーカー製　高級グレード
100万円／箇所～
造作キッチン
50万円／箇所～

浴室

コストと断熱性などから
ユニットバスが主流の浴室

　現在では、ほとんどの新築住宅で、ユニットバス（システムバス）が採用されています。従来型の在来工法は、仕上げ材や浴槽を自由に選べますが、コストがかかる、断熱性能が低い、排水が難しいなどの理由から、採用されることが少なくなっています。1坪タイプも1.25坪タイプも浴槽の大きさはほぼ同じで、違うのは洗い場の大きさです。耐用年数は20～30年で、交換用のパーツ販売も豊富というメンテナンスのしやすさも長所の1つです。

一般的なシステムバス
1坪タイプ：
ユニットバス廉価版
　40万円～
ユニットバス標準グレード
　60万円～
ユニットバス高級グレード
　100万円～

在来工法の浴室
100万円～／セット
1坪、タイル張り、
人造大理石の浴槽

トイレ

人気のタンクレストイレは
メンテナンスに難あり

　トイレもキッチンや浴室と同様、製品のグレードと追加する設備によってコストの差が大きく出ます。自動開閉や温風機能、便器内ライトなど、多機能のタンクレストイレが最近は人気ですが、電気仕掛けの駆動のため、故障も多いというのが実情です。メンテナンス性を考えると、従来型のタンク付きのトイレにコストメリットがあります。また、手洗い器を別に設ける場合は、10 〜 20万円のコストが追加でかかります。

タンク付きの便器
廉価版　15万円〜
多機能タイプ　30万円〜

タンクレスモデルと手洗器
廉価版　30万円〜
多機能タイプ　40万円〜
別置き手洗い器　10万円〜

洗面台

サイズや機能性が
コストを左右する洗面台

　洗面台はキッチンと同じく、メーカー製の既製品の他、完全オーダーの造作にするかの選択肢があります。既製品はグレードによって5 〜 100万の幅があります。造作の場合は15万円〜ですが、家事室のカウンターと一体型の形状にしたり、鏡裏収納を三面鏡やスライド鏡にしたりするなど細かい部分でトータル金額の差がつきます。カウンター下をオープンにするか、扉にするか、引き出しにするかもコスト差の主要因になります。

メーカー製の廉価版
幅750mm：5万円〜

メーカー製の
標準グレード
幅900mm：20万円〜
メーカー製の
高級グレード
幅1200mm：50万円〜

造作洗面台
15万円〜

給湯器

熱源をガスとするか電気とするかがコストの分かれ道

　給湯器は熱源をガスとするか電気とするかがポイント。ガス熱源は、一般的なガス給湯器のエコジョーズ、ガスエンジンでの発電も行うエコウィル、燃料電池発電を行うエネファームなどがあります。電気熱源はエコキュートが一般的です。キッチンコンロがIHなら、給湯器を電気熱源に変えてオール電化とすれば、ガス工事とガス使用基本料金のコストを抑えられます。給湯と発電を同時に行うタイプは、利用量の多い大家族向けです。

「エコジョーズ」
20万円／台〜。燃焼ガスを温め、高温となったガスの熱を利用してお湯をつくる

「エネファーム」
230万円／台〜。都市ガス・LPガスを燃料に、自宅で発電する装置。発電時の排熱を利用してお湯をつくる

太陽光

将来的には蓄電池を併用しての自家消費が主流となる

　FIT（固定価格買取制度）により普及した太陽光発電ですが、近年勢いが落ちてきています。2020年ごろの買取期間終了※後の売電価格が不明瞭となっているためです。太陽光発電は、光熱費を削減できる、停電時に電気が使えるなどメリットが多いのですが、設置費用やメンテナンス費用がかかる、台風で壊れるなどのデメリットがあることも理解しておきましょう。将来的には、蓄電池を併用した自家消費が主流になっていくと思われます。

太陽光発電パネル

30万円／KW〜。パワーコンディショナーの寿命は10〜15年程度

※FITの対象となる住宅用太陽光発電の余剰電力は、固定価格での買取期間が10年間と定められている。よって2009年11月に開始したFITの適用を受けたものは、2019年11月以降、10年間の買取期間を順次満了していく

Question 15 ＜実例＞見積金額約3000万円の家 プラン変更でコストはどうなる？

コスト

**グレードをアップしたり、ダウンしたり。
プラン変更をすれば金額は大きく変わります**

　家を建てるときのコストは、構造や工法、大きさ、間取り、使用材料などさまざまな要素によって上下します。ここでは家の大きさや間取りはそのままで、使用する材料、設備などを変更するとコストはどう変わるのかを実際の例をもとに検証してみます。基本プランとして選んだものは、都市近郊に建つ凹凸の少ないシンプルな木造在来工法、総二階の家です。約100㎡の大きさで、外構費も含めて工事費見積もり3000万円です。

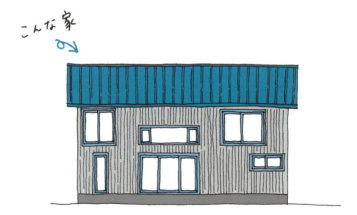

こんな家

工法：木造在来工法
床面積：延床面積100.61㎡（約30坪）、（1階54.65㎡、2階45.96㎡）
プランのポイント：ダイニングキッチンを中心とした4人家族が暮らす家

こんな間取り

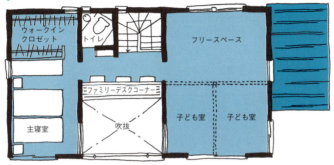

2階
ダイニング上の吹抜けを介して、勉強スペースや子ども室とつながっており、家族の気配を感じることが出来る間取り。子ども室に併設したフリースペースは、将来子どもが増えたときには仕切りを付けて個室にすることもできる。

1階
子育て家族にとって使いやすいキッチンからダイニングリビングへとすべてが見渡せるレイアウト。リビングには客間と兼用できる畳小上がりもある。キッチン脇にはウッドデッキと連続した洗濯物干しスペースも。

見積金額 **3000** 万円

見積金額の内訳を見てみよう → **54頁へ**

見積書を見ると工事の細かな内訳が分かる

これは基本プランの見積書からの一部抜粋です。【1】は、おおまかな工事別の金額が書かれているもの。【2】は「建築工事」の工事内容をさらに細分化したものです。

【1】「工事費内訳書」 見積金額3000万円の内訳はコレ※

名称	材料・形状・その他	数量	単位	単価	金額	備考
1. 地盤改良工事		1	式	0	0	
2. 建築工事		1	式	19,997,300	19,997,300	
3. 家具工事		1	式	449,000	449,000	
4. 住宅設備工事		1	式	1,810,600	1,810,600	
5. 電気設備工事		1	式	1,788,000	1,788,000	
6. 給排水衛生設備工事		1	式	1,025,000	1,025,000	
7. ガス設備工事		1	式	545,000	545,000	
8. 外構工事		1	式	1,674,000	1,674,000	
諸経費		1	式	2,729,000	2,729,000	
小計					30,017,900	
消費税（10%）		1	式	3,001,790	3,001,790	
合計					33,019,690	

【2】「工事費内訳明細書」 建築工事の内訳※

名称	材料・形状・その他	数量	単位	単価	金額	備考
2. 建築工事						
仮設工事		1	式	1,168,000	1,168,000	
基礎工事		1	式	1,948,000	1,948,000	
木工事		1	式	10,764,000	10,764,000	
屋根・板金工事		1	式	901,000	901,000	
外装工事		1	式	1,735,000	1,735,000	
外部建具工事		1	式	868,000	868,000	
内部建具工事		1	式	769,000	769,000	
左官工事		1	式	806,000	806,000	
塗装工事		1	式	390,000	390,000	
雑工事		1	式	648,300	648,300	
工事別合計					19,997,300	

※見積書の形式、工事名称などは住宅会社によって違います。また、工法や構造、プランによって内容も違ってきます。

見積書の標準的な構成を知っておこう

　見積書の形式は住宅会社や工務店によってさまざまです。標準的な見積もりは、「表書き」「工事費内訳書」「工事費内訳明細書」がセットになっています。先へ進むほど細分化され、工事内容ごとに使われている材料や設備の品番や金額が明確になります。どんな材料がいくらで使われているのかを知りたいときは、見積書をじっくりと読んでみるといいでしょう。

標準的な見積書の構成

表書き	ここに見積もりの総額が記載される。 他に施主名や工事名、日付などが入る。

【1】工事費内訳書	一般的には本体工事と付帯工事（別途工事）に分けられ、それぞれの費用が示される。 また、左頁の工事費内訳書のように、すべての工事金額が確定したうえで出す見積書の場合は、一般的には付帯工事費に分けられる外構工事費なども本体工事費に含まれた表記になる。

【2】工事費内訳明細書	工事の種類ごとに、使用される材料や施工費などの詳細が記載される。 住宅会社によっては標準仕様が決まっている商品の場合は、省略されることも多い。

標準外工事明細書	標準仕様にオプションをつけた場合などは、その費用が記載される。

　見慣れない言葉が並ぶ見積書。すべてを理解するのは難しいものです。ここでは、見積書には何がどんな風に書かれているのか、そのイメージをつかんでおきましょう。「設計費」や「諸費用（登記費用や税金など）」は見積書に含まれていないので、それらを含めた総費用を常に意識しておく必要があります。

家のデザインにかかわる外壁や窓などは
グレードを変えるとコストが大きく変わる？

　施工面積の大きな屋根や外壁は材料を変更することでコストが大きく変わります。例えば外壁は、基本プランではサイディングを使用していますが、重厚感のあるタイル貼りに変更するとコストはおよそ200万円アップ。屋根は基本プランのカラーガルバリウム鋼板が一般的。耐候性の高い瓦葺きにした場合はコストが上がります。窓は地域性も考慮して性能を重視しつつ、予算に応じて選ぶとよいでしょう。玄関ドアは素材やデザインの他、オートロックにするなどセキュリティのレベルによってもコストが違ってきます。準防火地域では防火仕様の窓とする必要があり、50〜100万円のコストアップとなる場合があります。

基本プラン

グレードアップ or グレードダウンのケースをチェック！

基本プラン

<屋根>	カラーガルバリウム鋼板に防水加工（施工面積77㎡）	**65万円**
<外壁>	カラーガルバリウム鋼板（施工面積250㎡）	**250万円**
<窓>	アルミと樹脂の複合サッシ	**70万円**
<玄関ドア>	アルミ製断熱玄関ドア	**25万円**

基本プランから材料のグレードを

UP↑

<屋根>
洋風瓦に変更　　　　　＋12万円

<外壁>
タイル貼りに変更　　　＋125万円

<窓>
樹脂サッシに変更　　　＋12万円

<玄関ドア>
木製断熱玄関ドア（オーダー品）に変更
　　　　　　　　　　　＋25万円

コストが 174万円 UP!

DOWN↓

<屋根>
コロニアル葺きに変更　－20万円

<外壁>
サイディングに変更　　－110万円

<窓>
アルミ製サッシに変更　－25万円

<玄関ドア>
アルミの量産玄関ドアに変更
　　　　　　　　　　　－15万円

コストが 170万円 DOWN!

※コストは施工面積や仕様などによって違います。ここでの数字は目安としてください。

コストダウンの際、断熱性や耐候性などの性能が低くなり、結果的にランニングコスト（メンテナンス費、水道光熱費）のコストアップにつながることも念頭において考えましょう。

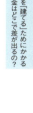

室内の雰囲気にかかわる壁紙や床材は
こだわりかコストか優先順位を考えて

　インテリア全体の雰囲気を決める床や壁などの内装材は、施工面積も広いため、選ぶ素材によって総コストが変わります。基本プランは壁と天井にスタンダードなビニルクロス。ビニルクロスも防汚や消臭、調湿などの機能があるタイプは単価が上がります。珪藻土や漆喰（しっくい）などの塗り壁はビニルクロスより高くなります。床材は無垢材のフローリングが人気ですが、樹種や木幅によってコストが変わります。また、床暖房の有無によって選択肢も限られてきます。室内ドアなどの建具も素材や既製品かオーダー品かでコストが違ってきます。内装は将来の張り替えを考えてコストを抑えるのか、調湿などの機能を求めるのか、または意匠的なこだわりを実現したいのか、優先順位を考えて選ぶといいでしょう。

基本プラン

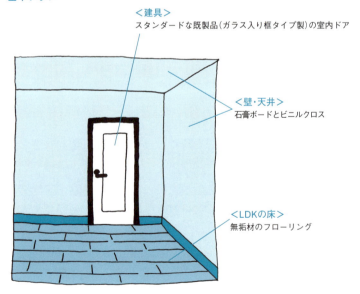

＜建具＞
スタンダードな既製品（ガラス入り框タイプ製）の室内ドア

＜壁・天井＞
石膏ボードとビニルクロス

＜LDKの床＞
無垢材のフローリング

グレードアップ or グレードダウンのケースをチェック！

基本プラン

<壁・天井>	壁はビニルクロス、天井はスタンダードな1000番のビニルクロス（施工面積307㎡）	**43万円**
<LDKの床>	無垢材のフローリング（タモ材／施工面積50㎡）	**25万円**
<建具>	既製品（ガラス入框タイプ）の室内ドア（11カ所／一部オーダー品）	**50万円**

第2章 家を「建てる」ためにかかるお金はどこで差が出るの？

基本プランから材料のグレードを

UP↑

<壁・天井>
漆喰・珪藻土に変更　　**＋65万円**

<LDKの床>
無垢材のチーク材フローリングに変更
　　＋20万円

<建具>
造作建具に変更　　**＋15万円**

コストが 100万円 UP!

DOWN↓

<壁・天井>
壁を量産タイプのビニルクロス
（500番台）に変更　　**－6万円**

<LDKの床>
合板フローリングに変更　　**－10万円**

<建具>
既製品（フラッシュタイプ）に変更
　　－15万円

コストが 21万円 DOWN!

※コストは施工面積や仕様などによって違います。ここでの数字は目安としてください。

暮らしの利便性にかかわる水まわり設備は
こだわり度によってコストが大幅に変わる

　水廻り設備は、機能やデザインなどによって価格が大きく違ってきます。基本プランは国内メーカーの主流になっている機器を設置した場合のコスト。キッチンを人気のある高級タイプや外国製のものに変更すると、数十万円単位で価格が上がっていきます。また、ビルトインタイプの食洗機やオーブンを追加するとさらにコストはアップします。トイレは蓋の開閉や洗浄が自動のフルオートタイプなど、高機能なものがいろいろ。一方で、便器のみの場合は数万円で済むなど、こだわり度によってコストの幅が広い設備です。浴室や洗面台もデザインや機能の好みで選べます。多機能なモノは利便性もよいものですが、故障も多くなるのでメンテナンス性も考慮し、わが家にとって必要な機能は何かを考えたうえで、適正な設備を見極めましょう。

基本プラン

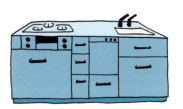

＜キッチン＞
国内メーカーのスタンダードな
I型キッチン

＜バス＞
国内メーカーのスタンダードな
システムバス

＜1階トイレ＞
国内メーカーのタンクレストイレ

＜洗面台＞
国内メーカーの
角型洗面器

グレードアップ or グレードダウンのケースをチェック！

基本プラン

<キッチン>	国内メーカーのスタンダードなI型キッチン （幅2250mm／価格は値引き後のもの／取り付け費込み）	110万円
<1階トイレ>	国内メーカーのタンクレストイレ（温水洗浄便座一体型／ 普及タイプ／取り付け費込み）	20万円
<バス>	国内メーカーのスタンダードなシステムバス （1坪タイプ／価格は値引き後のもの）	60万円
<洗面台>	国内メーカーの角型洗面器とカウンター （Sトラップユニット含む／価格は値引き後のもの）	20万円

基本プランから設備のグレードを

UP↑

<キッチン>
高級タイプのシステムキッチンに変更　＋90万円

<1階トイレ>
国内メーカーの省エネやフルオート機能が付いた機種に変更　＋15万円

<バス>
国内メーカーの高級タイプユニットバスに変更　＋50万円

<洗面台>
造作洗面台に変更　＋20万円

コストが 175万円 UP!

DOWN↓

<キッチン>
国内メーカーの廉価版キッチンに変更　－40万円

<1階トイレ>
国内メーカーのタンク一体型便器に変更　－5万円

<バス>
国内メーカーの廉価版ユニットバスに変更　－20万円

<洗面台>
国内メーカーの廉価版洗面台　－12万円

コストが 77万円 DOWN!

※コストは施工面積や仕様などによって違います。ここでの数字は目安としてください。

column

地震にもっと強い家にするために かかるコストの目安

　現行の建築基準法で施工されている家は「震度6強〜7程度の地震で、損傷はしても倒壊や崩壊しない」ことが目安の新耐震基準を満たしていることになります。しかし、2016年4月に起きた熊本地震では、新耐震基準を満たしていても、大きな被害に遭うなどの想定外のことが起きました。とはいえ、新しい建物ほど被害が小さいのも事実。地震にできるだけ強い家にするには、まず地盤調査を行い、地盤の強度に合った建物にすることが重要。一般的には、簡易に地盤状態を調査できる「スウェーデン式サウンディング構造試験」（5万円前後／箇所）が行われます。地盤が弱いままだと、時間の経過とともに家が傾く、地震の際に土地が液状化するなどの重大な問題の原因となります。建設地の地盤が弱い場合は、「表層改良」や「柱状改良」、「鋼管杭改良」など、地盤の状況に合わせた地盤補強の工事を行います。また、より強い耐震性能を望む場合には「制震装置」「免震装置」の導入も考えられます。

制震装置

建物の各階の壁内などに組み込まれ、地震エネルギーを吸収して揺れを減らす装置。コストの目安は50〜100万円

免震装置

建物の基礎などの間に設置されて、揺れを建物に伝えないようにする装置。コストの目安は250〜450万円

表層改良

セメントを使用して地表の比較的浅い部分を固める工事。地盤の軟弱な部分が地表から2mまでの浅い場合に用いられる。コストの目安は30〜50万円

柱状改良

柱状の杭を土中に円状に配して建物を支える工事。地盤の軟弱な部分が地表から10m以内の場合に用いられる。コストの目安は40〜70万円

鋼管杭改良

地中へ小口径の鋼管を複数打ち込み、建物を支える工事。地盤の軟弱な部分が地表から10mを超える場合などに用いられる。コストの目安は60〜100万円程度

第3章

建築費以外にもかかるコストがある

家づくりの諸費用には何があるの?

家づくりに必要はお金は、家を建てるための建築費と土地代。実はそれだけではありません。ローンを借りるにも、契約するにも、いろいろとコストがかかるのです。ここでは、家づくりのときに用意しておかなくてはならない諸費用について、その内容と、かかる金額の目安を紹介していきます。

Question 16
注文住宅建築にかかわる諸費用には何があるの？

地盤調査費や設計料、建築確認申請費が主なコストです

　自分が取得した（または借りる）土地に、注文住宅を建てる場合、建売住宅やマンションを買うときにはかからないコストがあります。ここでは「本体工事費」「別途工事費」とは別に、建築に直接かかわる諸費用について解説していきましょう。

　まず、長く、安心して住むために必要なのが「地盤調査」。土地を購入したあとは、地盤沈下や不同沈下などのトラブルを避けるためにも地盤のチェックをしましょう。建築を依頼する住宅会社や、設計を依頼する建築家に依頼すればスムーズです。他に、建築家に設計を依頼する場合に、別途支払うことになるのが「設計料」。金額の目安は建築家や設計事務所に依頼する場合は建築費の10〜15％程度が多いようです。

　また、これから建てる建物が、建築にかかわる法令に合致しているかどうかを申請して確認してもらう「建築確認申請」にも、図面作成や事務手続きに対する手数料がかかります。

ここが大切！

新しく購入した土地に建てるのではなく、これまで住んでいた家を建て替える場合も、地盤調査をするのがオススメ。長年住んでいて問題はなかったとしても、軟弱地盤ではないと確認できれば安心だ。

建築家への設計監理料の中には、プラン作成料の他、施工会社見積査定、コスト管理、現場監理などの費用が含まれている。住宅会社に直接依頼する場合も工事費や諸経費に含まれている。

建築確認を行うのは自治体や自治体から指定を受けている民間の検査機関（指定確認検査機関）。着工前の書類確認、完成後の現地での確認の他、地域によっては中間検査がある場合も。

一般的な一戸建て用の宅地。「地盤調査」にかかるコスト

スウェーデン式サウンディング試験の場合

地盤調査の方法はいくつかあるが、一戸建て住宅を建てる場合はスウェーデン式サウンディング試験での調査が一般的。地盤調査を無料で行う住宅会社も多いが、その場合は調査費用が建築費に上乗せされていると考えておこう。

コストの目安	5万円〜

一戸建ての場合、ほとんどがスウェーデン式サウンディング試験（SS試験）で地盤調査が行われる。測定箇所は原則として1宅地で4箇所以上

KEYWORD 地盤改良工事のコスト

地盤調査の結果、軟弱地盤だと分かれば地盤改良工事が必要になる。表層改良工法、柱状改良工法、鋼管杭工法が代表的な工法で、地盤の状態と建物の重量などでどれが適しているかが違ってくる（62頁参照）。

間取りや仕様などのプランを決める「設計」にかかるコスト

依頼先によって違う設計料の考え方

建築家や設計事務所に頼む場合

設計監理料という形で請求されるのが一般的。この中にはプラン作成、施工会社の見積査定、工事が設計通りに進んでいるかどうかのチェックなどが含まれる。金額は依頼先によって違う。建築費が高くなるほど割合は下がる傾向にある。

コストの目安	建築費の **10〜15%** 程度

住宅会社に頼む場合

設計と施工を一貫して行う住宅会社では、設計料金の設定は会社によって違う。「設計料」という項目を立てずに建築費や諸経費に上乗せして含まれてしまっているところもある。プラン作成料として数万円を設定しているところもあり、さまざまだ。もちろん無料では設計してもらえないので注意が必要。

コストの目安	建築費や諸経費などに含まれることが多い

KEYWORD

相見積もりの場合の設計料

複数の建築家や設計事務所、住宅会社などにラフプランを依頼する相見積もりの場合は、プラン作成料を請求する会社もある。請求されてからあわてないよう、事前に費用の有無を確認しよう。

「建築確認申請」にかかるコスト

住宅会社に申請をまかせる場合
申請自体のコスト（手数料）は9万円程度だが、必要書類の作成や審査機関とのやりとりに費用がかかる。

建築確認申請、中間検査、完了検査手数料　各 **3万円** 程度※

※地域によって手数料は違う

図面作成や諸経費など **40万円** 程度

コストの目安	合計で **50万円** 程度

住宅会社、設計事務所に依頼する場合、建築確認申請費用は諸費用として概算金額を預け、引き渡し時に精算するケースもあります。

第3章　家づくりの諸費用には何があるの？

KEYWORD
地域や床面積で違う建築確認の手数料

47都道府県が定める確認申請手数料は床面積100㎡超200㎡以内なら1万9000円〜6万5000円と、自治体によって異なります。民間の検査機関は自治体より高めになるのが一般的です。

Question 17 土地の購入にかかわる諸費用には何があるの？

不動産会社に支払う仲介手数料の他に印紙代や登記費用がかかります

　土地を購入して家を建てる場合は、土地の代金の他に、土地購入にかかわる諸費用のことを忘れずにおきましょう。

　諸費用のなかで大きな割合を占めるのは不動産会社に支払う仲介手数料です。これは、「土地の代金×3%＋6万円」が上限。さらに、仲介手数料に消費税がかかります。

　その他、土地の所有権移転にかかる登録免許税と手続きを代行してもらう司法書士への報酬も必要です。

　また、ローンを借りて土地を購入する場合、まだ建物のない土地に対しては住宅ローンは使えませんから、金利が高めのローンを利用して土地を購入しておき、土地と建物分をまかなう住宅ローンを借りるまでの間、返済を続けるという方法が多くとられます。このケースだとローンを2度借りることになり、事務手数料などもその都度かかることになります。

ここが大切！

土地の価格には消費税はかからないが、仲介手数料にはかかるので注意。例えば、2000万円の土地を購入した場合、仲介手数料は上限で66万円。消費税率10%なら上限72万6000円になる。

定期借地権で土地を借りる場合、毎月数万円程度の地代がかかる。また、定期借地権設定時には数百万円の保証金がかかる（金額は土地価格によって違い、契約期間終了後に返還される）。

金融機関によっては土地・建物分をまとめて借りられる住宅ローンがある。フラット35も住宅建設と併せて購入した土地は融資対象。その場合、手数料などの諸費用がローン1本分で済む。

土地の代金以外にかかる主な諸費用

主な諸費用

仲介手数料	不動産仲介会社に支払う。土地の代金×3％＋6万円が上限
印紙代	土地の売買契約書に貼る印紙代。売買金額が1000万円超5000万円以下なら1万円。5000万円超1億円以下は3万円※
登記費用	土地の所有権移転登記にかかる費用。司法書士によって費用が違ってくる

※2022年3月31日までの軽減措置

コストの目安 土地の代金の **3〜4％** 程度

土地にかかわる支払いの流れ（例）

| 購入申し込み | 申込金（最低10万円） |

| 売買契約 | 手付金（土地代金の10％程度）・仲介手数料（50％） |

| 決済・引き渡し・登記 | 手付金を除いた残金（融資）・登記費用
仲介手数料（残り50％） |

第3章 家づくりの諸費用には何があるの？

KEYWORD 建築条件付き土地

指定された住宅会社と、一定期間内に建築請負契約を結ぶことが条件の土地。土地と建物のローンをいっしょに借りることができるケースが多く、別々に借りる場合よりも事務手数料などがかからない。

Question 18 住宅ローンにかかわる諸費用には何があるの？

申込先やローンの種類によって保証料や事務手数料、団体信用生命保険特約料が違ってきます

　住宅ローンを借りるにも実は諸費用がかかります。主なものは保証料、事務手数料、団体信用生命保険特約料など。その他にローン契約のときに契約書に貼る印紙代（69頁参照）が必要です。いくらかかるかは、どの住宅ローンを利用するのか、借りる金額はいくらなのかなどによって違ってきます。例えば、保証料は民間の住宅ローンの場合は必要なケースがほとんどですが、フラット35や一部のネット銀行では不要です。事務手数料は金融機関によって金額や仕組みが異なります。また、団体信用生命保険（団信）は、民間の住宅ローンではほとんどが加入必須で特約料は金利に含まれます。フラット35は、以前は団信への加入は任意でしたが、2017年10月からは「通常の申し込みは団信付きのフラット35で、団信に入らない選択もできる」、という仕組みに変わっています。住宅ローンを選ぶ際には金利の低さだけでなく、諸費用がいくらかかるかもチェックしましょう。

ここが大切！

ローンの返済ができなくなったとき、代わりに一括で弁済するのが保証会社。その保証会社に支払うのが「保証料」だ。ローンを借りた人は、金融機関ではなく保証会社に返済することになる。

「事務手数料」は定額の場合は3万〜5万円程度。借入額の0.5〜2%程度の場合は、3000万円の借り入れなら15〜60万円程度になる。金利が低くても手数料が高く総支払額は変わらないことも。

ローンを申し込んだ人が死亡したり高度障害状態になった場合など、ローンの残債が補償される「団体信用生命保険（団信）」。特約料は金利に含まれている。フラット35は加入しない選択もできる。

「保証料」は借り方によってコストが変わる

保証料の設定は大きく分けて3パターンある

保証料不要
フラット35、ネット銀行など一部の金融機関

一括払い
一括払いでの支払いが多いが、金利上乗せを選べる場合もある。融資額の上限によっては借り入れ金に含められることも

金利に上乗せ

コストの目安※

このケースでは金利に上乗せするより、一括前払いのほうが保証料は少ない！

3000万円を借りた場合の例
一括前払い：保証料は約 **61万9000**円
金利に0.2％上乗せの場合：保証料は約 **113万8000**円

※金利0.6％、35年返済、元利均等返済、毎月返済のみとしてみずほ銀行のwebサイトで試算

ネット銀行は保証料無料が多いけれど、事務手数料は5万円〜融資金額の2.1％程度と高めです。保証料も事務手数料もどちらもチェックしましょう。

KEYWORD　保証料と返済期間

保証料は返済期間が短いほうが少なくなる。例えば、上の「コストの目安」での保証料は借入額3000万円で35年返済なら一括前払いで約61万9000円。30年返済なら約57万5000円、25年返済なら約51万8000円だ。

「事務手数料」は借り方によってコストが変わる

事務手数料は金融機関やローン商品によって幅がある

事務手数料無料	一律に金額を設定	融資額の0.5～2%程度を設定
住宅金融支援機構による財形住宅融資は事務手数料が無料	3万～5万円程度まで金融機関やローン商品によって幅がある	一部の金融機関で導入。金額一律のパターンと選択できるようになっている場合も

事務手数料は3万～5万円(税別)に設定している銀行が多いようです。もっと高い場合でも10万円程度までが一般的。これに対して、他の住宅ローンよりも低金利の場合、「融資額×○％」という設定をしているところも。割合は2％程度のことが多いのですが、2500万円借りれば事務手数料は50万円。金利が低く総返済額が少なくても、事務手数料でコストが割高にならないかをチェックしましょう。

コストの目安	**3万～5万円**※

※ 一律に金額を設定している場合

KEYWORD

期間限定の保証料や事務手数料無料

普段は保証料が必要な金融機関でも、期間限定で保証料無料などのキャンペーンを行うことも。ただし、「頭金20％以上」などの融資条件がある場合が多い。事務手数料も期限付きで無料になることもある。

万が一のとき、住宅ローンをカバーする「団体信用生命保険」

団体信用生命保険の仕組み

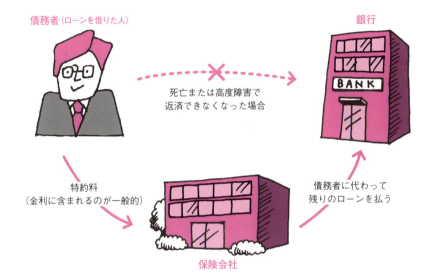

| フラット35は団信加入の有無で金利が違う | 新機構団信付きフラット35 → 金利のうち **0.28**%が特約料
団信に加入しない場合 → 新機構団信付きフラット35の金利から **−0.2**%が適用金利 |

KEYWORD　火災保険料と地震保険料

火災保険加入を融資の条件にしている銀行も多い。地震保険は、地震保険のみで加入できる商品はごくわずかで火災保険に付加する形になる。保険料や補償内容は保険会社によって違うので複数社に問い合わせたい。

Question 19 家づくりにかかわる税金には何があるの?

**登記には登録免許税が
契約関係には印紙税がかかります**

　土地を購入したり家を建てたりしたときには、土地や建物の所有権を明らかにしておくために所有権の移転登記（売買）や保存登記（新築）をします。そのときにかかるのが登録免許税です。また、住宅ローンを利用すると抵当権（担保権）の設定登記も行いますから、これにも登録免許税がかかります。一定の要件を満たす建物については、所有権保存登記、購入による移転登記、抵当権設定登記に軽減措置があります。分からないことがあれば、最寄りの法務局や地方法務局に問い合わせるといいでしょう。

　また、住宅会社と結ぶ建築請負契約や、銀行と結ぶローン契約（金銭消費貸借契約）には、契約書に印紙を貼って捺印することで納税する印紙税がかかります。

　他にも、住宅を取得した後にかかわってくる税金や、節税できる税金もあります。167頁からの「第6章　家が完成した後に払うお金・もらえるお金」も読んでおきましょう。

ここが大切!

非課税なのは「建物の表示登記」。これは建物の所在地番、構造、床面積などを特定するもの。資料は土地家屋調査士が作成する。金融機関や住宅会社で手配してくれる場合がほとんど。

住宅ローンを利用すると住宅や土地が担保になり、返済がされなくなった場合にその担保から弁済を受ける権利（抵当権）が発生する。その権利を明らかにするのが「抵当権設定登記」だ。

登録免許税は金融機関等からの領収証書を法務局に提出する現金納付が原則だが、税額3万円以下なら印紙を所定の用紙に貼り付けて納付できる。土地家屋調査士や司法書士が代行するのが一般的。

家づくりにかかわる登記の種類と印紙税の目安

登録免許税の課税標準と税率（原則）

登記の種類	課税標準	税率
建物の表示登記	—（非課税）	—（非課税）
所有権の保存登記	法務局の認定価格	0.4%[※1]
購入などによる移転登記	固定資産税評価額	＜建物＞2%[※1] ＜土地＞2%[※1]
抵当権の設定登記	債権金額	0.4%[※1]

※1 適用条件を満たした場合、税率の軽減措置がある

印紙税の税額

契約書の記載金額	ローン契約に対する税額	建築請負契約に対する税額
500万円超1000万円以下	1万円	5000円[※2]
1000万円超5000万円以下	2万円	1万円[※2]
5000万円超1億円以下	6万円	3万円[※2]

※2 2022年3月31日までの軽減措置が適用された税額

KEYWORD

マイホームの税金

税金の軽減措置や控除の制度などは、ずっと同じではない。税制改正や政府の政策などによって内容や期限が変更・延長されたり、新たな制度が創設されたりする。最新の情報を確認するようにしよう。

Question 20 他にも予算を組んでおいたほうがいいコストは?

大きな出費は引っ越し費用。
他にも上棟式や地鎮祭をするなら現金の用意を

　家づくりには何かとお金がかかります。これまで紹介した設計料などの建築にかかる費用、住宅ローンを借りるときにかかる費用、そして税金の他にも、いろいろなお金が必要となります。

　ただし、いくらかかるかは個別のケースになる項目が多く、例えば、地鎮祭や上棟式は省略すれば支出はゼロ。引っ越し費用は引っ越しの距離や荷物の量によって、また、どんな引っ越し会社のどのプランを利用するかでも違ってきます。建て替えでは仮住まい費用やトランクルーム代が必要になることもあります。

　家の新築をきっかけに、家具を新調する人も多いでしょう。注文住宅建築後1年以内に購入した家具・家電などの平均金額は201万円です（2014年度・住宅金融支援機構調べ）。また、家を建てた立地によっては、クルマを買い増ししなければならない世帯もあるでしょう。家を建てることでどんなお金がかかるのかを考えて、予算を確保しておくのがおすすめです。

わが家の家づくりでかかりそうなその他のコストをチェック！

- ☐ 近隣あいさつ費用
- ☐ 地鎮祭費用
- ☐ 上棟式費用
- ☐ 引っ越し代
- ☐ 仮住まい費用
- ☐ トランクルーム代
- ☐ 家具購入費用
- ☐ ガーデニング関係費用
- ☐ 完成パーティ費用
- ☐ 引っ越しあいさつ状費用
- ☐ (　　　　)
- ☐ (　　　　)
- ☐ (　　　　)
- ☐ (　　　　)
- ☐ (　　　　)

その他の費用、いくらくらいかかるのかをチェック

近隣あいさつ費用

工事の音やホコリで迷惑をかけるかもしれない近隣に、着工前にあいさつ回りをする際の手土産代。住宅会社によっては「ごあいさつグッズ」を用意して、担当者がいっしょにまわってくれるところもある。

コストの目安　1軒当たり **500~1000円** 前後

地鎮祭費用

最近は省略するケースも多い。また、地域よってコストが違ってくる。お供えものの手配を神社が行うのか、施主が行うのかは地域や神社によって違う。住宅会社が詳しいので、確認しておこう。

コストの目安　神主さんへの支払い **3万~4万円** +供物代など

上棟式費用

棟上げの後、棟梁が棟木に幣束を立て、破魔矢を飾り、建物の四方に酒・塩・米をまいて清めるのが上棟式。儀式の後に職人さんの労をねぎらう宴席（直会(なおらい)）を催す。最近はクルマで現場に通う職人さんが多いことなどから、お酒は出さず、折り詰めとご祝儀を渡すだけのケースも多い。

コストの目安　**10万~30万円**

引っ越し費用

引っ越し費用は移動距離や荷物の量によって違ってくる。また、建て替えで仮住まいをする場合は、引っ越しが2度あるためコストは倍になる。複数の引っ越し会社に見積もりをとることで相場も見えてくるので、数社に問い合わせてみよう。一般的には土日祝日よりも平日が、出発・到着が午前中よりも午後からのほうが安くなる。

コストの目安　
＜4人家族の場合＞
近距離(50km程度)で **10万円** 前後
長距離(50km超)で **20万~40万円** 程度

column

入居後にかかるお金のことも考えておこう

　家を取得するためのお金だけでなく、家を取得した後にかかるお金のことも考えておくことが大切です。賃貸住まいなら建物や土地にかかる税金や設備のメンテナンス費用は貸主が負担します。でも、「マイホーム」となればすべて負担は自分自身。定期的にかかるランニングコストや不意の出費なども把握しておきましょう。忘れがちなのは光熱費の増額です。最近は給湯や冷暖房機器も省エネ化が進んでいますが、家の規模が大きくなれば光熱費がかさむ可能性もあります※。毎年かかる固定資産税は、軽減措置の期間が終わると税額が増えます。一戸建ては外壁や屋根などのメンテナンスも自分で計画的に行わなければなりません。入居後の家のコストが家計を圧迫しないよう、住宅ローンは余裕をもたせて借りるようにしましょう。

入居後にかかるお金

- 固定資産税・都市計画税
- 光熱費の増額分
- リフォーム費用
- 設備機器のメンテナンス・交換費用
- 火災保険料・地震保険料・家財保険料
- 町内会費
- 外壁や屋根のメンテナンス費用
- 庭や外構のメンテナンス費用

※住宅の断熱性能によっても変化する

第4章

住宅ローンを借りる前に知っておきたい

住宅ローンの基礎知識

住宅ローンは、商品の種類も借り方・返し方もいろいろです。たくさんの金額を借りて、長期にわたって返済が続くため、どの住宅ローンを選ぶか、借り方・返し方はどうするかによって、返済額などが違ってきます。自分に合った資金計画を立てるためにも、住宅ローンについての基本を知っておきましょう。

住宅
ローン

Question 21

住宅ローンを借りたいとき どこに相談に行けばいいの?

**銀行などの金融機関だけでなく
ファイナンシャルプランナーに相談もおすすめ**

「今は、どんな住宅ローンがあるのか知りたいだけ」という段階なら、まずは各銀行のホームページで住宅ローン商品について調べてみるのがおすすめ。いろいろ質問したいことが出てきたら、休日や夜にも開かれている銀行の「住宅ローン相談会」に出かけてみるといいでしょう。建築を依頼する住宅会社が決まっているなら、借入限度額や返済額を試算する簡単な資金計画にのってもらえることもあります。住宅ローンは長期に渡って返済が続きますから、教育費や老後のための資金づくりなども考えて資金計画を立てることが大切。今後のライフプランも考慮したうえでの資金計画なら、有料になりますがファイナンシャルプランナーにどんな住宅ローンが合うのか、返済計画はどうするのがいいかなどを相談してみるのもいいでしょう。住宅ローンは比較検討が大切です。躊躇せずにどんどん出かけるみるのがおすすめです。

ここが大切!

今まで取り引きをしたことのない銀行からでも、住宅ローンを借りることはできる。ただし、銀行によっては「関東のみ」「関西のみ」など営業エリアが限られていることがあるので注意しよう。

住宅会社のモデルハウスでは、営業担当者が借りられる金額の算出など簡単な資金計画を試算してくれることがある。ただし、借りられる金額＝無理なく返せる金額ではないので要注意。

ネット銀行の住宅ローンは忙しくてなかなか銀行へ行けない人に便利。低金利で借りられる点もメリットだ。メールや電話での相談の他、窓口が開設されているネット銀行なら対面での相談も可能。

住宅ローンの相談はここへ行く

[住宅会社]

年収や返済期間をもとに、借入限度額や返済額などの簡単な試算をしてくれる会社も多い

[銀行]

給与口座のある銀行や、借りたいローンを扱っている金融機関の融資窓口へ

[ファイナンシャルプランナー]

金融機関に属していないファイナンシャルプランナーに、今後の収支を含めた資金計画を相談

KEYWORD

住宅ローン相談会

銀行の窓口営業時間中には、仕事があって相談に行く時間がとれない人も多いはず。多くの銀行で土日や夕方以降などに「住宅ローン相談会」を開いているので活用してみよう。予約が必要かは事前に確認を。

住宅ローン

Question 22 住宅ローンの借入先にはどんなところがあるの？

銀行の他、公的なローンもあり、借入先によって特徴が違います

　借入先によっていろいろな住宅ローン商品があります。同じ銀行のローンでも金利が違ったり、その銀行独自の特典があったり。また、事務手数料などの諸費用も違ってきます。だから、「住宅ローンはどこで借りても同じでしょ？」なんて思わず、複数の金融機関や住宅ローン商品を調べてみましょう。

　まず、借入先ですが、民間のローンは銀行だけではなく、農協（JA）や生命保険会社などいろいろ。公的なローンとしては財形貯蓄をしている人が利用できる財形住宅融資もあります。

　そして、同じ銀行から借りても金利には変動金利型、固定期間選択型、全期間固定金利型などタイプの違いがあって、それぞれ金利や、借りた後の金利の動き方が違ってきます。他にも、元利均等返済と元金均等返済という返済方法の違いもあります。いずれも、この第4章で解説していくので読んでくださいね。

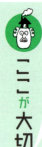

ここが大切！

財形住宅融資などの公的なローンや、フラット35のように銀行で借りるが公的機関がバックアップしている住宅ローンも。他に、住宅専門のローン会社や保険会社などさまざまな借入先がある。

同じ銀行で借りても金利のタイプや返済方法によって、返済額や将来の金利の動きが違ってくる。どの金利タイプを選ぶかは自分で決めることになるので、それぞれの特徴を把握しておきたい。

借りる際の保証料や事務手数料の他、繰り上げ返済がいくらからできるか、手数料はいくらかかるのかなど、借入時・返済中のコストも住宅ローンや金融機関によっていろいろだ。

住宅ローンの主な種類を知っておこう

公的なローン	財形住宅融資(92頁) 公務員共済
公的な機関がバックアップする民間のローン	フラット35(88頁) フラット35S(90頁) フラット50(118頁)
民間のローン	銀行・信用金庫 ネット銀行(86頁) 農協(JA) 住宅ローン専門会社 生命保険会社

いろいろあるのね…

KEYWORD

住宅金融支援機構

旧住宅金融公庫の業務を継承して、2007年4月に発足した独立行政法人のこと。フラット35のバックアップの他、災害復興などの政策上重要で民間金融機関では対応が難しい業務を行う。

住宅ローン

Question 23 建築資金に借りた金額の他にどんな支払いがあるの？

借りた金額と諸費用の他に利息の支払いがあります

　住宅ローンには金利がかかりますから、融資を受けた「元金」（借入額）の返済の他に、利息分のお金も支払っていくことになります。つまり、「元金＋利息」が総返済額です。

　でも実は、住宅ローンを利用することで他にもいろいろと出費があります。これが第3章の70〜73頁で解説した「住宅ローンにかかわる諸費用」です。諸費用は保証料や事務手数料、ローン契約書にかかる印紙代、抵当権設定費用の他に、住宅ローンによっては団体信用生命保険に加入する場合の特約料、火災保険料がかかります。どの住宅ローンを利用するかによっても違ってきますが、ローンの諸費用は物件価格の5％程度を目安に考えておくといいでしょう。なお、諸費用は現金で払うものも多いですから、その分を自己資金から確保しておくためにも何がかかるかを知っておくことが大切です。

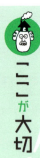

「ここ」が大切！

住宅ローンの諸費用のうち、保証料と事務手数料はローンの選び方で違ってくる。事務手数料は金融機関やローン商品によって違う。保証料はフラット35やネット銀行など一部の金融機関では不要。

最近は物件価格100％に諸費用分まで上乗せして融資する住宅ローンがある。しかし、借入額が増えれば総返済額は大きくなる。無理の無い返済計画のためには諸費用は現金で用意しておきたい。

事務手数料は借入金額に関係なく3〜5万円程度の金額が一律で設定されている場合と、融資額の2％などと金額によって違ってくる場合がある。どちらがコストが少ないかはケースバイケース。

住宅ローンを利用すると支払うことになるコスト

利息 — 金利の高さや借入金額、返済期間によって違ってくる。返済期間が長いほど利息は増えるので、早く返した方がおトク

元金 — 借入額のこと。家づくりの費用で自己資金では足りない分をまかなう

- 事務手数料(72頁)
- 保証料(71頁)
- 印紙代(75頁)
- 抵当権設定費用(75頁)
- 団体信用生命保険特約料(73頁)
- 火災保険料(73頁)

選ぶ住宅ローンや返済期間、借入額などによって違ってくる

> **KEYWORD**
>
> ### 諸費用の試算
>
> 諸費用は選ぶ金融機関やローン商品、借入額、返済期間などによって違ってくる。住宅金融支援機構や多くの銀行のホームページで諸費用の概算を試算することができるので、活用して目安をつかんでおくといい。

住宅ローン

Question 24 ネット銀行には どんな特徴があるの？

低金利な傾向にある他
24時間いつでも申し込みが可能です

　ネット銀行（ネットバンク）には店舗を持たないインターネット専業タイプや、インターネットをメインとしながらいくつかの店舗や窓口を開設しているタイプがあります。どちらのタイプも店舗数を抑えている分、コストを圧縮でき、一般の金融機関よりも住宅ローン金利が低金利な傾向にあります。保証料や繰り上げ返済手数料が無料な場合が多く、低金利以外のメリットもあります。しかし、借地権の物件には使えないなどの制限がある場合や、事務手数料が高額なケースも。審査が厳しく、時期によっては時間がかかり申し込みから融資実行まで数カ月かかった例もあるなどデメリットもあります。また、融資の実行が完成時一括のみの場合も多いので、融資条件の確認が必須です。銀行のスタッフと顔を合わせることなく手続きが進むので、担当者と直接話しながらきめ細かなサポートを受けたい、という人には向いていないかもしれません。

ここが大切!

ネット銀行は店舗を少なくしてコストを圧縮している分、住宅ローンは一般の銀行よりも低い金利で提供されている。一般の銀行と同様、条件をクリアすると引き下げ金利が適用される場合も。

繰り上げ返済手数料が無料で、ネットで簡単に手続きができるので積極的に繰り上げ返済をする予定の人にはメリット大。ただし、借入時に事務手数料が高額な場合もあるので、トータルコストに注意。

ネット銀行の住宅ローンは、メリットもデメリットも把握したうえで上手に活用すれば便利だ。自分でいろいろ調べることや比較検討することが苦にならないタイプの人に向いていそう。

こんな人はネット銀行の住宅ローンも検討してみよう

- 平日の日中は忙しくて銀行に行く余裕がない
- こまめに繰り上げ返済をする予定
- 住宅会社や不動産会社などに任せず、自分で手続きするのが苦にならない
- 金利の動きや借り換えなどの情報に敏感
- 返済額の試算などを自分ですることができる

KEYWORD　ネット銀行の対応の利便性

各ネット銀行では、コールセンターを設けて土日や祝日も対応するなど利便性をアップさせている。一方、ローン特約（95頁）の対象にならないことが多く、個別の対応に融通がききにくいなどのデメリットもある。

住宅ローン

Question 25

【フラット35】って何？
どこで借りても同じ？

全期間固定金利型が特徴のローン。
借入先で手数料や金利が違います

　フラット35は全期間固定金利型の住宅ローン。住宅金融支援機構が債権を買い取ったり（買取型）、保証したり（保証型）することで民間の金融機関をバックアップし、各金融機関から提供されているものです。保証料や繰り上げ返済手数料が無料などのメリットがあります。また、持病があるなどの理由で団体信用生命保険に入れない場合、フラット35では団信に加入せずに融資を受ける選択肢もあります。ただし、持病があっても入れる保険に別途加入しておくなど万が一に備える対策も必要でしょう。

　フラット35は多くの金融機関で取り扱っていますが、どこで借りても条件が同じというわけではありません。窓口になる金融機関によって金利や事務手数料が違っています。毎月の返済額や総支払額に関わってくることなので、いくつかの金融機関を比較したうえで窓口を決めるといいでしょう。

ここが大切！

フラット35から借りるために必要な条件や、借りられる金額の上限は、どの金融機関でも同じ。そのため、A銀行では融資を断られたけれど、B銀行ではOKだった、ということはない。

購入・新築する物件が一定の基準を満たしていることが融資条件。基準をクリアしていることを示す「適合証明書」が必要になるなど、銀行の住宅ローン利用の場合にはないひと手間がかかる。

保証料無料、繰り上げ返済手数料無料などがフラット35のメリット。一方、金融機関によって金利や事務手数料の金額が違っているので、複数の金融機関をチェックすることが大切だ。

【フラット35】の主なポイントを知っておこう※

借りる人の条件	● 申し込み時の年齢が満70歳未満 ● 年収に占める総返済負担額の割合が年収400万円未満の人が30％以下、年収400万円以上の人は35％以下であること
住宅の条件	● 住宅金融支援機構の定める技術基準にあてはまる住宅であること ● 床面積や建築基準等に一定の要件がある ● 住宅の建設と併せて購入した土地も対象
融資額	● 100万円以上8000万円以内で、住宅購入費・建設費以内（土地取得費に対する借り入れを希望する場合は、その費用を含む）
返済期間	● (1) 15年（満60歳以上なら10年）以上35年以内（1年単位） 　(2) 完済時年齢が80歳になるまでの期間 　　(1)または(2)のいずれか短いほう
金利タイプ	● 全期間固定金利（金利は金融機関によって、また、借入期間が20年以下か21年以上か、融資率9割以下か9割超かで異なる） ● 融資実行時の金利が適用
返済方法	● 元利均等返済、元金均等返済から選択 ● 毎月払い、ボーナス併用払い（借入額の40％以内、1万円単位）から選択

※買取型の場合

第4章 住宅ローンの基礎知識

KEYWORD

買取型と保証型の違い

住宅金融支援機構が債権を買い取る「買取型」はどの金融機関でも融資条件は同じ。しかし、「保証型」は金融機関によって異なるので確認が必要。なお、現在は保証型を扱う金融機関はわずかだ。

住宅ローン

Question 26
【フラット35】Sって何？【フラット35】とはどう違うの？

耐震性などの性能をクリアすると一定期間、フラット35よりも低金利です

　フラット35よりも低い金利が一定期間適用になるので、毎月返済額や総返済額をより少なくできるのが【フラット35】S。利用するには、フラット35の基準に加えて、高い水準の断熱を実現した「省エネルギー性」、地震に強い「耐震性」、高齢者にやさしい「バリアフリー性」、長く暮らせて、間取り変更などが容易な「耐久性・可変性」のうちの1つ以上を満たす必要があります。

　現在、【フラット35】Sの金利プランは「金利Aプラン」、「金利Bプラン」の2種類。「金利Aプラン」は、金利が当初10年間、年0.25％引き下げられるタイプ。「金利Bプラン」は、金利が当初5年間、年0.25％引き下げられます。金利Aプランのほうが、金利が低い期間が長い分、総返済額が少なくなります。適用される金利プランは、クリアする技術基準によって違うので、詳しくは住宅会社の担当者に確認しましょう。

ここが大切！

金利Aは「認定炭素住宅、一次エネルギー消費量等級5、性能向上計画認定住宅（建築物省エネ法）、耐震等級3、高齢者等配慮対策等級4以上、長期優良住宅」から1つを満たすことが条件。

金利Bは「断熱等性能等級4、一次エネルギー消費量等級4以上、耐震等級2以上、免震建築物、高齢者等配慮対策等級3以上、劣化対策等級3でかつ維持管理対策等級2以上」から1つを満たすこと。

【フラット35】Sの技術基準を満たすことが確認できる証明書類は、融資実行手続きの前までに金融機関に提出。住宅性能評価書の取得、または所定の物件検査が必要でそれぞれ数万円程度の費用がかかる。

【フラット35】Sはプランによって金利引き下げ期間が違う

プランの名前	金利引き下げ幅※と期間
【フラット35】S（金利Aプラン）	当初10年間 — 0.25%
【フラット35】S（金利Bプラン）	当初5年間 — 0.25%

※2021年3月31日申込受付分までのフラット35の金利からの引き下げ幅

【フラット35】Sを利用する場合も、融資限度額は住宅の建築費または購入価格が上限です。

KEYWORD

【フラット35】Sの制度変更

2021年1月1以後、【フラット35】S（金利Bプラン）の省エネ基準が変更。現在、どちらかを満たせばOKの断熱等性能等級4と一次エネルギー消費量等級4以上は、どちらも必要な要件になる。

Question 27 財形住宅融資って何？どんな人が利用できるの？

財形貯蓄をしている人が利用できる 5年固定金利制のローンです

　勤務先で給与天引きの財形貯蓄をしている人が利用できるのが財形住宅融資です。財形貯蓄には「一般財形貯蓄」「財形年金貯蓄」「財形住宅貯蓄」がありますが、利用しているのがどの財形貯蓄でも融資対象になります。

　財形住宅融資の特徴は金利が5年固定制だということ。完済まで5年ごとに金利を見直すため、将来、金利が上がって返済額が増える可能性もあります。返済期間を長くするなら、金利が上がった場合でも家計に無理なく返済できるかどうか、あらかじめ試算してから借りるのが安心です。

　なお、財形住宅融資が利用できるかどうかは、勤務先から利子補給や住宅手当などの負担軽減措置が受けられることなど、いろいろな条件があります。右頁の「借りる人の条件」の欄をよく確認してから勤務先に問い合わせてみましょう。

ここが大切!

金利は5年固定制。ここ数年は低金利時代が続いているので、将来的には金利ダウンよりも金利アップ、または横ばいの可能性が高い。将来の金利リスクを考えたうえで借り入れることが大切。

フラット35を利用する人は、住宅金融支援機構が扱う「機構財形住宅融資」を利用できる。併用する場合は両方の融資額合計で建設費または購入価額まで借り入れが可能になるなどのメリットが。

一般の住宅ローンでは、融資事務手数料が数十万円もかかることが。しかし、財形住宅融資は、融資事務手数料の他、保証料も不要。初期コストを抑えられるという点もメリットのひとつだ。

財形住宅融資の主なポイントを知っておこう※

借りる人の条件	● 給与天引の一般財形貯蓄、財形年金貯蓄、財形住宅貯蓄のいずれかを1年以上続け、申し込む日の前2年以内に預け入れを行っていること。かつ、申し込み日に残高が50万円以上ある人 ● 勤務先から利子補給や住宅手当などの負担軽減措置が受けられる人 ● 年収に占める総返済負担額の割合が年収400万円未満の人は30％以下、年収400万円以上の人は35％以下であること ● 申し込み時の年齢が満70歳未満 ● 独立行政法人勤労者退職金共済機構の財形転貸融資または共済組合等の財形住宅融資を受けられない人
住宅の条件	● 住宅金融支援機構の定める技術基準に当てはまる住宅であること ● 住宅部分の床面積が70㎡以上280㎡以下
融資額	● 財形貯蓄の合計残高の10倍、または住宅取得価額の90％のどちらか少ないほう ● 最高4000万円
返済期間	●（1）10年以上35年以内（1年単位） 　（2）完済時年齢が80歳になるまでの期間 　（1）または（2）のいずれか短いほう
金利タイプ	● 5年固定金利制 ● 申し込み時の金利が適用
返済方法	● 元利均等返済、元金均等返済から選択 ● 毎月払い、ボーナス併用払い（借入額の40％以内、50万円単位）から選択

※機構財形住宅融資の場合

KEYWORD 財形住宅融資の窓口

勤務先が窓口となる勤労者退職金共済機構が行う転貸融資、公務員の場合は共済組合が行う直接融資、これらの融資を受けることができない人は、住宅金融支援機構の機構財形住宅融資が利用できる。

第4章 住宅ローンの基礎知識

住宅ローン

Question 28
提携ローンって何？どんなメリットがあるの？

**住宅会社などが銀行と提携。
より低金利になる場合もあります**

「提携ローン」は不動産広告などで見かけたことがあっても、実はよく分からないという人も多いのではないでしょうか。提携ローンは、金融機関が住宅会社や不動産会社などとのこれまでの取り引きや、建てる物件の担保価値を認めて、同じ金融機関の住宅ローンよりも有利な条件で貸し出すものです。物件によっては、通常の引き下げ金利よりもさらに金利を引き下げるケースがあります。また、申し込む人の審査だけで済むので融資が可能かどうかの審査期間が短い場合も。ローン特約の対象にもなります。また、自分で銀行を決めて住宅ローンを借りる場合は、手続きなどで何回か銀行に足を運ぶ必要がありますが、提携ローンの場合、手続きの一部を住宅会社の担当者が代行してくれることが多いです。代行手数料はかかりますが、手間がかからない分、平日の昼間は仕事を抜けられない人や、忙しい人にとってメリットが大きいといえます。

ここが大切！

ひとつの住宅会社が複数の金融機関と提携しているケースも。その場合、金利や繰り上げ返済の条件など、いろいろな角度から検討して自分にとってつきあいやすい金融機関を選択できる。

住宅会社や不動産会社の担当者が、住宅ローンの審査申込書の提出など、手続きの一部を代行してくれることも多いため、何度も銀行に足を運ぶ手間がかからないなどのメリットもある。

住宅ローンを申し込む人の勤務先が金融機関と提携していて、引き下げ金利が適用されることも。提携ローンだけがおトクと思い込まず、自分にとって有利な住宅ローンはないかを確認することが大切。

提携ローンと、自分で銀行を探して借りる場合はこう違う

	提携ローンを借りる場合	自分で銀行を探して借りる場合
金利	提携先の銀行から直接借りるよりも低金利の場合がある	さまざまな金融機関を比較検討して選ぶことができる
手数料	銀行へ払う事務手数料の他に、住宅会社や不動産会社などに払う手数料がかかる場合がある	銀行へ払う事務手数料が必要
審査	物件や住宅会社の商品に対する審査が終わっているので、申し込む人の返済能力の審査のみ。審査は短期間で済むことが多い	申し込む人の審査の他に、物件の審査が行われる。提携ローンに比べて審査に時間を要することがある
手続き	住宅会社や不動産会社などの担当者が、審査のための手続きの一部を代行してくれることも。提携ローンは、予定した条件で融資が受けられなかった場合に売買契約を白紙にできるローン特約の対象になる	事前審査や本審査、ローン契約などのたびに銀行へ出向いたり、郵送などで手続きをする必要がある。なお、ローン特約の対象にならない場合もある

KEYWORD

ローン特約

住宅ローンを借りられることを前提に住宅の建築を検討する場合、融資が受けられなければ住宅取得ができなくなる。そこで、予定した条件で融資が受けられない場合に契約を解除できるのがローン特約だ。

住宅
ローン

Question 29
住宅ローンを借りるとき どんな審査があるの？

保証会社によって内容は違いますが
健康状態や年齢、年収など返済能力が重視されます

　クレジットを組むときや少額のローンを借りるときでも審査があるのですから、たくさんのお金を借りて長期で返済する住宅ローンの場合ももちろん返済能力などを審査されます。審査内容は保証会社によって違い、内容も非公表です。収入や勤続年数、借入時の年齢、現在返済中の借り入れはないかどうか、過去にクレジットやローンの延滞はないかといった情報などが、さまざまな角度から審査されるようです。ですから同じ年収でも、申し込む人によって借りられる金額が違ってくる場合があるのです。また、収入に見合った借入額を希望しているか、返済期間に無理はないかもチェック事項になります。審査の基準に満たなかった場合、融資を断られてしまうこともあれば、借入額や返済期間の見直しを求められることもあります。審査結果がどうなるかは、ケースバイケースです。

ここが大切！

住宅ローンの審査では、収入の安定性や継続性が審査のポイントになる。これまでにローンやクレジットの延滞がないかなどの信用情報の他、勤続年数や勤務先、資格の有無なども影響する。

審査基準に満たない場合は、希望の金額が借りられなかったり、返済期間の変更を求められることもある。審査基準は保証会社によっても違うので、他の金融機関をあたってみるのも方法のひとつ。

融資を断られた場合、すぐに他の金融機関をあたるよりも、まずは資金計画そのものに無理はないかどうかを見直すのが得策。収入に対して希望金額が多すぎないかなどをチェックしよう。

審査では、あなたの返済能力がチェックされる！

クレジットやローンの延滞をしていないか

クレジットカードを作ったり借り入れをしたときに、その情報は信用情報として記録される。延滞などの記録は最長7年間残るため、過去に延滞をしたことのある人は住宅ローンが借りられないこともある。最近は、分割払いのスマートフォンの料金滞納で審査が通らない人も出てきている。

現在返済中の他のローンはないか

車のローンやリボ払いなど、返済中のローンがある場合は住宅ローンを申し込む前に完済してしまうのがベスト。他の借金があるからといって住宅ローンが借りられなくなるわけではないが、融資額が減る場合がある。

勤続年数が1〜3年未満ではないか

短期間で転職を繰り返している人は、住宅ローンが借りにくい場合がある。スムーズに審査に通るかどうかは勤続年数がポイント。金融機関によって1年、2年、3年といった条件が設定されている。ただし、同職種でのキャリアアップのための転職なら審査に影響がないこともあるので金融機関に相談してみよう。なお、フラット35の場合は、原則申し込み年度の前年の収入で審査される。

健康状態は良好か

民間の住宅ローンは団体信用生命保険への加入が必須。つまり、銀行の住宅ローンを借りるなら、生命保険に加入できる健康状態であることが必要だ。

KEYWORD

審査金利

一般的に銀行の住宅ローンには年間総返済額が税込年収の35％以内などの基準がある。ただし、金利上昇のリスクがある変動金利や固定期間選択型は実際の金利より高めで審査され、融資額が抑えられることが多い。

Question 30 銀行から借りられる金額の目安は出せる?

銀行からの借入可能額の目安を年収と返済期間から出すことができます

　銀行からの借入可能額を知る目安にはいくつかのポイントがあります。まず家を建てるための費用。この金額を超えて借りることは原則できません。そして、住宅ローンと他の借入金を併せた年間返済額が税込年収の35％までという条件を設定している銀行が多いです。例えば年収400万円の場合、返済にあてられる金額は140万円までということになります。現在返済中の借入金がない場合、年間返済額が140万円になる金額まで借りることができるというわけですが、その借入可能額がいくらになるかは、金利や返済期間によって違ってきます。右頁の表は審査金利を最近の変動金利よりも高い3％に設定して試算した借入可能額です。実際に借りられる金額は、勤務先の安定性や勤続年数などによっても違ってきますので、あくまでも目安にしてください。

　なお、銀行から借りられる上限を借りると返済はラクではありません。無理のない金額に抑えるようにしましょう。

銀行の住宅ローンの場合、年間総返済額は税込年収の35％まで、という基準を設けている銀行が多い。この年間総返済額には借り入れを希望する住宅ローンだけでなく、返済中の借り入れも含まれる。

夫婦の収入を合算することができれば、借りられる金額が増える場合もある。ただし、どちらかが仕事を辞めたり収入が減ったりした場合でも返済していけるかどうかを慎重に考えて借りること。

土地を購入して家を建てる場合、土地と家をセットで1本の住宅ローンで取得費用が借りられるケースも多い。土地探しから始める人は事前に住宅会社、不動産会社に相談しよう。

借入可能額の目安は税込年収と返済期間で分かる

借入可能額の目安※

税込年収	25年返済	30年返済	35年返済
300万円	1845万円	2075万円	2273万円
400万円	2460万円	2767万円	3031万円
500万円	3075万円	3459万円	3789万円
600万円	3690万円	4150万円	4547万円
700万円	4305万円	4842万円	5305万円
800万円	4920万円	5534万円	6062万円

※審査金利3%、元利均等返済、税込年収に占める年間返済額の割合を35%に設定した場合

実際に借りられる金額は銀行によっても違ってくるので、この表はあくまでも目安にしてください。また、「借りられる金額＝ラクに返済できる金額」ではないので要注意！

借りられる金額 ラクに返済できる金額

第4章 住宅ローンの基礎知識

KEYWORD

返済負担率

税込年収に占める年間総返済額の割合のこと。多くの住宅ローンが35%を上限にしているが、上限を借りると家計が厳しくなるケースが多い。安心して返済するためには多くても25%以下に抑えたい。

住宅ローン

Question 31 【フラット35】からはいくら借りられる？

建築費以内で上限8000万円。ただし、年収などの条件があります

　フラット35からいくら借りられるかは、フラット35に定められている「融資限度額8000万円以内」「建築費または購入価格以内」のどちらか少ないほうで、「税込年収に占める年間返済額の割合」の基準をクリアしていることが条件になります。

　建築費が3000万円の場合、フラット35から借りられるのは全額の3000万円ですが、年間返済額が右頁の年収基準を満たすことが必要です。3000万円を金利1.2％で借りると仮定し、35年返済を選択すると年間返済額は約105万円。105万円が35％を占める場合の年収は約300万円。つまり、税込年収が約300万円以上であれば基準をクリアすることになります。この基準の年収は適用金利や返済期間などで違ってきます。なお、フラット35は、建てる物件の条件も細かく決められています。利用条件が明確で、申し込み前に融資の可否がある程度判断できるので住宅会社の担当者に早めに確認するといいでしょう。

ここが大切！

フラット35の融資限度額は8000万円。建築費用の100％を上限に借りることができる。また、建設に併せて取得した土地の購入費を含めることもできる。ただし1億円以下の物件が条件。

フラット35は申し込む人の税込み年収によって年間総返済額の上限が違ってくる。400万円以上なら年収に占める年間総返済額は年収の35％以下、400万円未満なら30％以下が上限になる。

フラット35は物件に対する審査の条件が多い。銀行の住宅ローンを借りる場合よりも必要書類も多いので、住宅会社の担当者にフラット35を借りるつもりであることを伝えておこう。

フラット35の借りられる金額の上限はこうして決まる

1 融資額 **8000**万円以内（1万円単位）

2 住宅の建築費・購入価格の**100**%以内

3 税込み年収に占める年間返済額※が下表の基準

年収	**400**万円未満	**400**万円以上
基準	**30**%以下	**35**%以下

※年間返済額には他の借り入れの返済額も含む

↓

フラット35の融資限度額 = のうち、少ない方の額で **3**をクリアすることが条件

第4章 住宅ローンの基礎知識

KEYWORD 借入金額の単位

フラット35の借入額は1万円単位だ。例えば3000万円を金利1.2%、35年返済で借りると総返済額は3675万4301円。頭金を1万円増やすと3674万2038円で総支払額を2263円減らせる。

Question 32

3000万円を借りたら毎月いくら返済するの？

**選ぶ返済期間や金利で違います。
選択肢を知っておくことが大切です**

　住宅ローンのような大きな金額を借りるのははじめて、という人がほとんどのはず。だから、いったいいくら返すことになるのか見当がつきにくいでしょう。例えば、3000万円を借りて金利1.2％で返済する場合、返済期間が20年なら毎月返済額は14万661円になります（右頁CASE1参照）。しかし、同じ3000万円でも金利0.6％の住宅ローンで返済期間を35年にすると毎月返済額は7万9208円になります。適用金利や選ぶ返済期間が違うと毎月返済額と総返済額は大きく違ってくるのです。他にもボーナス返済（124頁）を利用するかしないか、元利均等返済・元金均等返済（116頁）のどちらにするかでも違ってきます。ですから、いくら借りて、どうやって返済すれば無理のない資金計画になるかを考えるためにも、住宅ローンにはどんな選択肢があるのかを知っておくことが大切です。

住宅ローン

ここが大切！

同じ3000万円を借りても、借り方・返し方によって毎月返済額は違ってくる。毎月返済額や総返済額を左右するのは金利、返済期間、ボーナス返済の有無、元利均等返済か元金均等返済かなど。	同じ金額を借り、同じ金利、返済期間などの条件を設定しても、返済スタート後に一部繰り上げ返済をすることで、毎月返済額や総返済額は変わってくる。資金計画は一度決めたら終わりではないのだ。	ベストな資金計画は借りる人の状況によって違ってくる。わが家の家計や将来設計を考えたうえで、借り方・返し方を選びたい。そのためにも、いろいろと試算することがおすすめだ。

同じ3000万円でも金利と返済期間で返済額が違ってくる

CASE1　金利1.2%で20年返済の場合

借入額:3000万円／金利:1.2%／金利タイプ:全期間固定金利型／返済期間:20年
返済方法:元利均等返済／ボーナス返済:なし

完済までの毎月返済額 14万661円

完済まで同じ返済額が続く。
完済までの総返済額は約3376万円

CASE2　金利0.6%※で35年返済の場合

借入額:3000万円／金利:0.6%／金利タイプ:変動金利型／返済期間:35年
返済方法:元利均等返済／ボーナス返済:なし

当初5年間の毎月返済額 7万9208円

変動金利なので5年ごとに返済額が見直されるため、
総返済額は完済してみないとわからない。
金利が0.6%のままと仮定すると、総返済額は約3327万円

※店頭表示金利よりも低い引き下げ金利

変動金利型だと金利が上がると返済額が増えるのね！リスクを考えて選ばなくちゃ

KEYWORD　総返済額

元金と完済までにかかる利息の合計額。借入時に総返済額が明確なのは完済までの金利が固定されているローンの場合だけ。変動金利型や固定期間選択型の場合は金利変動の可能性があるため総返済額はわからない。

住宅ローン

Question 33 住宅ローンの金利って今は低いの？

**20年以上低金利が継続中。
これ以上、金利が下がることはなさそう**

　実は、日本の住宅ローンの金利は、今、歴史的にも世界的にも低い水準にあるといえます。右頁のグラフは1990年から2019年までの各年11月の金利をまとめたものです。民間ローンである銀行の住宅ローンも、公的ローンである住宅金融公庫（現在の住宅金融支援機構）の基準金利も1995年頃から低い水準で落ち着き、その後も横ばいを続けています。かつて、銀行の住宅ローンが8％台、公的融資の公庫融資でさえ5.5％という時期があったことを考えると、1～2％台で借りられる今は超低金利といっていいでしょう。今後、金利がどう動くかを予測し断言することはできません。しかし、上がることはあっても、大きく下がることはないと考えておいたほうがよさそうです。低金利時代に多額の借り入れをして長期間で返済するときは、できるだけ固定金利期間が長くなるようにするのが鉄則。金利の低さだけで選ぶのではなく、返済スタート後の金利の動きも重視しましょう。

ここが大切！

低金利時代のメリットを享受するため変動金利型にするという選択肢もある。しかし、金利上昇リスクに備えるため、変動金利のしくみについて知っておくことが大切。107頁を参考にしてほしい。

現在の住宅ローンは低金利。そのなかでも、固定金利より変動金利のほうが、また、固定期間が短いほど金利が低い。しかし、金利の低さだけで選ぶと、短期間のうちに上昇するリスクがある。

今後、金利は上昇、または横ばいということはあっても、大きく下がることは考えにくい。さらなる金利低下を期待した資金計画を立てることは避け、上昇リスクを考えた資金計画を慎重に立てたい。

今、住宅ローンは低金利が続いている

1995年頃から低水準が続く住宅ローン金利

※グラフは各年の11月の金利。変動金利型は都市銀行の店頭表示金利。
固定金利型は2002年までは住宅金融公庫、2003年以降はフラット35（2007年以降は返済期間21～35年）の最低金利

KEYWORD 低金利時代

今のような低金利時代でも、金利の上昇が予想される時期には長期の固定金利型を選ぶのが安心。逆に高金利や金利の下降が予測される時期は、変動金利や短期固定金利を選択すると金利低下に対応しやすい。

住宅ローン

Question 34
固定金利型や変動金利型、どんな違いや特徴があるの？

完済までの金利が変わるか変わらないかが返済額に影響します

　金利タイプには大きく分けて「変動金利型」と「固定金利型」があります。それぞれのメリットとデメリットを知っておくといいでしょう。変動金利型は、今は固定金利型に比べて金利が低く、当面の返済額を少なくできます。ただし、金利が上昇すれば返済額が増えるというリスクがあります。一方、固定金利型は完済までの金利が固定された「全期間固定金利型」なら、最後まで返済額が変わらない安心感があります。その代表のフラット35は、1％前後の低金利で借りられる金融機関が多くなっています。しかし、同じフラット35でも窓口になる金融機関によっては金利が高めなので注意が必要です。

　「変動金利型」「固定金利型」、この2つの金利タイプをもとにして、さまざまなバリエーションの金利タイプがあります。そこで、次の頁からその主なものをご紹介していきましょう。

ここが大切！

| 金利タイプには大きく分けて「変動金利型」「固定金利型」があり、この2つをもとにしてさまざまなバリエーションがある。どんな金利タイプの住宅ローンがあるかは金融機関によって異なる。 | 変動金利型は、固定金利型に比べて今は金利が低めになっている。しかし、金利は定期的に見直され、それに伴って返済額も変動する。将来金利が上昇すれば返済額がアップするリスクがある。 | 固定金利型は、今は変動金利型に比べて金利は高め。ただし、金融機関によって、また、フラット35の中には、1％台前半という変動金利とあまり変わらない金利が適用されているものもある。 |

＜変動金利型＞は金利上昇のリスクを考えておくことが大切

一般的な変動金利型の返済額見直しは5年に1度

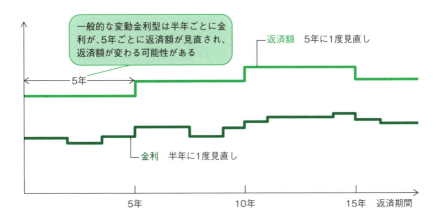

 返済額が見直される際に、変動金利型の場合は「これまでの返済額の125%が上限」というルールがあり、急激な返済額アップは避けられます。しかし、利息の支払いが優先されるため未払い利息が発生するリスクがあります。

変動金利型のメリット&デメリット

- **メリット**
  現在は低金利が利用できるため、総返済額を抑えることができる。また、金利が高いローンよりも元金の減りが早い。
- **デメリット**
  半年に1度金利が見直され、経済情勢によっては金利が上昇し、将来の返済額が増える可能性がある。

こんな人におすすめ

- 将来、返済額が増えても無理なく返済できる家計の余裕がある人。
- 金利の動向をチェックし、上昇したときに繰り上げ返済をして返済額を減らすなどの対応がとれる人。

KEYWORD **未払い利息**

金利が大幅に上昇し利息分だけで返済額以上になると、毎回の返済だけでは払えない利息が発生する。これが未払い利息。金融機関によって完済時に精算したり、5年ごとの返済額見直し時に精算するなどさまざま。

＜全期間固定金利型＞は返済計画が立てやすい

＜返済中は金利は一定。返済額も完済まで変わらない＞

返済額　金利が変わらないので完済まで一定

金利　当初の金利が完済まで変わらない。
　　　多くの住宅ローンは、ローン実行時の金利が適用される

返済期間

完済まで金利が変わらない全期間固定金利型は、返済額が最後まで一定です。

全期間固定金利型のメリット＆デメリット

- メリット
  完済するまで適用になる金利が決まっているので、「将来、返済額が増えたらどうしよう」という不安がない。
- デメリット
  変動金利型に比べて金利が高め。このまま低金利時代が続くと、変動金利型で借りた場合よりも総返済額が多くなる。

こんな人におすすめ

- 住宅ローンの返済は家賃感覚で一定額を返済していきたい人。
- 金利変動に一喜一憂せず、住宅ローンの返済を計画通りに進めたい人。

＜固定期間選択型＞は固定期間後の金利上昇に注意が必要

＜選んだ固定期間中は固定金利なので返済額は一定＞

A 固定期間(10年)終了後、変動金利型を選ぶ場合

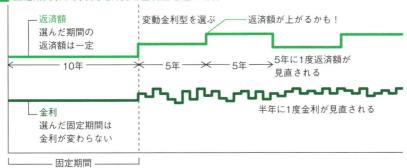

B 固定期間(10年間)終了後、再び固定期間を選ぶ場合

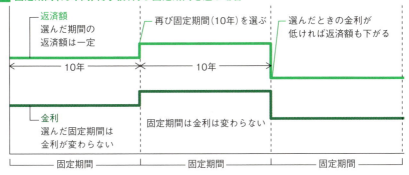

固定期間中は金利が変わらない固定期間選択型。固定期間が終了すると、その時点での金利に見直され、変動金利型や再度固定期間を選択できます。

固定期間選択型のメリット＆デメリット

- **メリット**
  固定期間は金利が変動しないため、返済額が変わることがなく一定額を返済していける。
- **デメリット**
  固定期間終了後、金利が大幅に上がっていると、返済額も大幅に上がるリスクがある。

こんな人におすすめ

- 「子どもが大学卒業まで」など、返済額を一定にしたい期間が決まっている人。
- 毎年の収入が一定ではない自営業の人など。

＜段階金利型＞は金利アップ後の返済額が明確

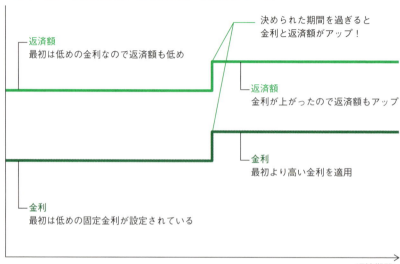

＜金利が途中で変更。変更後の金利も当初に決定されている＞

- 返済額 最初は低めの金利なので返済額も低め
- 決められた期間を過ぎると金利と返済額がアップ！
- 返済額 金利が上がったので返済額もアップ
- 金利 最初より高い金利を適用
- 金利 最初は低めの固定金利が設定されている
- 返済期間

一定期間が過ぎた後、金利が変更になるのが段階金利型。フラット35Sがその代表です。金利アップ後の返済額に無理がないかどうかを考えて選びましょう。

段階金利型のメリット＆デメリット

- **メリット**
  借入時に完済までの金利が確定しているので、当初の返済額と、金利アップ後の返済額が明確。
- **デメリット**
  当初の返済は余裕があっても、金利アップ後の返済額が家計を圧迫する場合がる。将来も見据えた返済計画が必要。

こんな人におすすめ

- 当初の返済額を抑えたい人。
- 将来、共働きになるなど収入が増える予定がある人。

＜金利ミックス型＞は固定金利型を多くすると安心感アップ

＜固定金利型と変動金利型を組み合わせて借りる＞

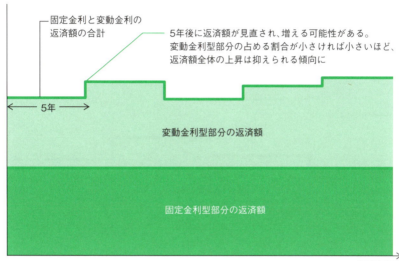

変動金利型と固定期間選択型のミックスというパターンです。金融機関によってミックス型がない場合や、組み合わせに制限がある場合があります。

金利ミックス型のメリット＆デメリット

- メリット
  低金利な変動金利型と、安定した返済額の固定金利型の両方のメリットを利用できる。
- デメリット
  扱っている金融機関が少ない。

こんな人におすすめ

- 変動金利型のメリットと上昇リスクのバランスを考えて、資金計画を考えたい人。

＜5年固定制＞は5年ごとに金利が見直される

＜完済まで5年ごとに金利が見直される＞

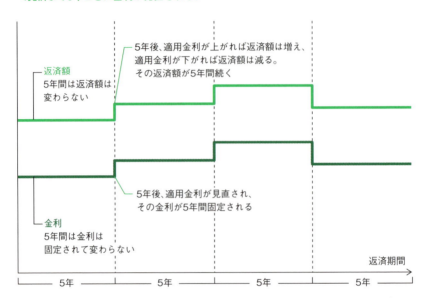

 財形住宅融資の金利がこのタイプです。一般の住宅ローンの固定期間選択型で、固定期間5年を選択し続けるのと同じことといえます。

5年固定制のメリット＆デメリット

- メリット
  市場金利がどんなに上がっても、5年間は金利が固定される。
- デメリット
  5年ごとの金利見直しの際、金利がアップすれば、返済額も増えることになる。

こんな人におすすめ

- 金利が上昇しても、無理なく返済できる家計の余裕がある人。
- 金利が上昇したときに、繰り上げ返済で返済額を減らすなどの対策がとれる人。

＜預金連動型＞は使う予定のない預金が多い人向け

＜ローンの残高のうち、預金と同じ金額までは金利が下がる＞

元金3000万円

預金残高と同額分の住宅ローン残高が金利ゼロになったり、下がったりする。残高が多ければ多いほど、借り入れの利息が低くなり、元金の減りが早くなる

住宅ローンの金利がかかる

預金1500万円

預金残高と同じ1500万円部分は金利が下がる

 預金分の借り入れには金利がゼロ、もしくは低い金利になるため、手元に資金を残したまま繰り上げ返済と同じ効果を得ることができます。もともとの金利は少し高めなので利息軽減効果があるかどうかをよく考えて選びましょう。

預金連動型のメリット＆デメリット

- メリット
  預金残高が多ければ多いほど、利息が少なくなる。
- デメリット
  団体信用生命保険特約料などのコストがかかる他、もともとの金利が高めに設定されているため、預金が減った場合は返済額が多くなる。

こんな人におすすめ

- 預金が多く、今後も使う予定がない人。
- 個人事業主などで手元に資金を確保しておきたい人。

第4章 住宅ローンの基礎知識

Question 35 元利均等返済と元金均等返済、どんな違いがあるの？

住宅ローン

**完済まで返済額が一定か、元金が一定か。
その違いは毎回の返済額に影響します**

　返済方法には「元利均等返済」と「元金均等返済」があります。右頁の図を見てください。「元利均等返済」は毎回の返済額が同じになるように、元金と利息の割合を調整している返済方法です。つまり"元金と利息の合計が均等"ということ。「元金均等返済」は"元金が毎回均等で、残っている元金にかかる利息がプラスされる"返済方法。返済スタート時は残りの元金が多いのでかかる利息も多く、元利均等返済に比べて返済額が多くなります。ただし、返済が進むにつれて毎回の返済額は減っていきます。

　一般的に利用されているのは元利均等返済のほう。元金均等返済は採用していない金融機関も多いので、元金均等返済を選択したい場合はあらかじめ調べておきましょう。

　なお、モデルハウスや金融機関での試算は元利均等返済で行われるケースがほとんどです。

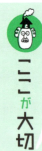

ここが大切！

「元利均等返済」とは、元金と利息の合計が均等になる返済方法。完済までの毎回の返済額は一定になる。返済スタート当初は、返済額のうちに元金の割合が少ないので、元金の減りが遅め。

「元金均等返済」とは、均等に割った元金に対して利息がかかる返済方法。返済スタート当初は利息のかかる元金が多いので、元利均等返済よりも返済額が多いが、返済が進むにつれて減っていく。

元金均等返済は採用していない金融機関もあり、元利均等返済のほうが一般的。そのため、モデルハウスや金融機関での試算に使われる。元金均等返済を選ぶ場合は返済額が違うので注意が必要。

「元利均等返済」と「元金均等返済」の仕組みを知っておこう

元利均等返済の仕組み

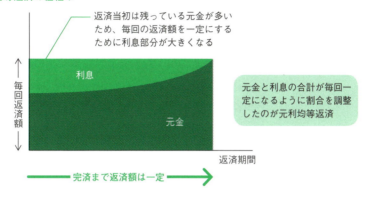

元金均等返済の仕組み

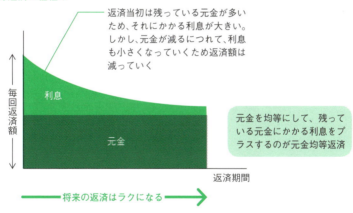

選択のポイント

KEYWORD

「元利均等返済」は返済額を抑えながら一定額を返済していきたい人向き。「元金均等返済」は早めにローン残高を減らして、将来の返済をラクにしていきたい人向きだ。将来の家計状況を予測したうえで選びたい。

住宅ローン

Question 36 元利均等返済と元金均等返済、どちらがおトクなの？

総返済額が少ないのは元金均等返済ですが　それぞれメリット・デメリットがあります

　フラット35など、元利均等返済と元金均等返済のどちらの返済方法も用意されている場合、選択に迷う人もいるでしょう。それぞれのメリット、デメリットを知っておき、自分に合った返済方法を選ぶようにしましょう。

　「元利均等返済」は返済スタート時の返済額が元金均等返済よりも少なくなります。早期に繰り上げ返済をすれば、元金均等返済よりも利息軽減効果が大きいところもメリットです。ただし、繰り上げ返済などをせずに淡々と返済していく場合は、利息が元金均等返済よりも多いため総返済額が多くなります。

　「元金均等返済」は返済スタート時の返済額が多めになるデメリットはありますが、元利均等返済に比べて利息の支払いが少なくて済むため、総返済額を少なくできるのがメリットです。当初の返済額が無理なく返済できる範囲なら、元金均等返済のほうがおトクといえるでしょう。

ここが大切!

元利均等返済と元金均等返済を比べると、当初の返済額は元利均等返済のほうが少ない。しかし、返済が進むにつれて元金均等返済の返済額は減少し、元利均等返済よりも少なくなる。

繰り上げ返済をせずに返済を続けていった場合、完済までの総返済額は元金均等返済のほうが少なくなる。これは、元利均等返済のほうが元金の減りが遅く、かかる利息が多くなるため。

早めに繰り上げ返済をする場合、元利均等返済のほうが利息軽減効果は高くなる。総返済額を比べてどちらが有利になるかは、返済スタート後にどう返済していくかによっても違ってくる。

「元利均等返済」と「元金均等返済」の特徴を知っておこう

借入額3000万円を金利1.2%、返済期間35年で返済した場合

	当初の毎月返済額	総返済額
元利均等返済	8万7510円	3676万円
元金均等返済	10万1428円	3632万円

※全期間固定金利型、ボーナス返済なしで試算

第1回の返済は「元利均等返済」のほうが1万3918円少ない！

総返済額は「元金均等返済」のほうが約44万円おトク

元利均等返済と元金均等返済を比べると？

	元利均等返済	元金均等返済
借入可能額	多い	少ない
当初の返済額	少ない	多い
支払う利息	多い	少ない
元金の減り方（残債）	返済開始当初は減少が少ない	一定
繰り上げ返済の効果	早期に行うほど利息軽減・期間短縮効果が高い	期間短縮型の場合は、いつ行っても短縮される期間は同じ

どちらを選ぶか決める前によ〜く比べなくちゃ

第4章 住宅ローンの基礎知識

KEYWORD

元金均等返済での試算

元利均等返済で返済負担率（99頁参照）が20%以下なら元金均等返済の選択も検討したい。ただし、モデルハウスや銀行での試算は元利均等返済のみの場合が多いので、フラット35のwebサイトで試算してみよう。

Question 37 住宅ローンの返済期間は最長で何年？

最長35年返済が一般的ですが年齢によっては短くなります

　一般的には80歳までに完済できる期間か、35年返済のどちらか短いほうが最長返済期間になります。その場合、40代後半以降に住宅ローンを借りる場合は、35年返済よりも短い期間が最長になります。例えば、50歳の人は30年が最長です。

　ただし、一部の銀行ローンの他、フラット50など、35年超の返済期間を設定できる住宅ローンもあります。フラット50の場合は年齢の条件をクリアできれば50年返済まで選択することが可能になります。同じ金額、同じ金利なら返済期間が長いほど毎回の返済額は少なくなりますから、フラット50などは毎月返済額を抑えることが可能になります。しかし、長い期間で返済すれば、その分利息も増えて総返済額が多くなります。変動金利の場合は返済期間が長いほど金利上昇リスクも高くなりますし、銀行ローンの場合は保証料や、フラット35やフラット50の場合は団体信用生命保険の特約料が多くかかることを知っておきましょう。

ここが大切！

返済期間が最長50年の「フラット50」という商品もある。これは長期優良住宅の認定を受けた住宅、申し込み時に満44歳未満などが条件。借りられる金額の上限は建設費の60％だ。

返済期間が長ければ長いほど完済までに支払う利息、保証料、団体信用生命保険の特約料の金額が大きくなる。そのため毎月返済額は少なくても、住宅ローンにかかる総コストは大きくなる。

返済期間を短く設定するほど利息が減る分、総返済額は少なくなる。ただし、住宅ローン減税が適用される当初13年間は、所得税や住民税を節税できるよう返済期間が10年以上残るようにしておこう。

返済期間が長いと返済額や諸費用の負担はどうなる？

借入額3000万円（融資率9割以下）を3パターンの返済期間で試算[1]

	フラット20[2]	フラット35	フラット50
金利（例）	1.06%	1.11%	1.48%
返済期間	20年	30年	50年
毎月返済額	13万8772円	9万8015円	7万1767円
総返済額	約3331万円	約3529万円	約4220万円
利息割合	約10.0%	約15.0%	約29.0%
諸費用	約112万円	約112万円	約112万円
総支払額	約3443万円	約3641万円	約4322万円

返済期間が長いほど金利も高くなる

返済期間が長いと利息が多くなる分、総返済額が増える

[1] 金利は2019年10月の最多金利。全期間固定金利型、元利均等返済、ボーナス返済なしの場合
[2] フラット35のうち、15年以上20年以下の借入期間を選択した場合に適用される優遇金利の住宅ローン。金利は借入期間や融資率、加入する団体信用生命保険の種類などによって異なる

同じ金額を借りても借り方・返し方でコストはずいぶん違うのね

KEYWORD　固定金利期間の長さと金利

現在の住宅ローンは、固定金利期間が長いほど適用金利が高くなる傾向にある。フラット35の場合も同様で、返済期間21年以上のほうが20年以下よりも金利が高く設定されている。

住宅ローン

Question 38
返済期間は何年にすれば安心して返済できる?

**定年退職時までに完済するのが鉄則。
1年単位で設定できるのが一般的です**

　住宅ローンは長くても定年退職時までに完済できるようにすることが大切です。退職すると多くの人は収入が年金のみになり、現役の頃よりも使えるお金が減ってしまうからです。

　そして、退職までに35年以上ある場合でも、返済に無理がなければできるだけ短い返済期間にするのがおすすめです。住宅ローンを早く返し終われば、老後のための貯金も余裕をもって貯められますし、将来、家を売ることになってもローンの残債がないほうが売りやすくなります。

　住宅ローンの返済期間は1年単位で設定できる金融機関が多いです。右頁の表を見るとわかるように、返済期間を35年から34年に変えるだけで、総返済額は約21万円も少なくなります。毎月返済額は約2000円アップしますが、1年でも短いほうが総返済額ではおトクです。

ここが大切!

定年退職後の収入は現役時代よりも減ってしまう人が多い。減った収入からローンを返済するとなると心理的な負担も大きいもの。返済期間は定年退職前に完済できるようにするのが鉄則。

定年退職まで35年以上あっても、できるだけ短い返済期間にすることで利息の支払いを減らすことができる。返済期間は1年単位の銀行が多いが、半年単位、1カ月単位のところもある。

返済期間を短くすると毎月の返済額は増える。これから必要になる教育費や車の買い換え費用、万が一に備える貯金もできるよう、無理のない範囲で返済期間を短くすることを検討してみよう。

返済期間は1年違うだけでも、利息の支払いが減っておトク

借入額3000万円の返済期間を1年刻みで検討

返済期間	毎月返済額	総返済額	返済期間35年との利息差
35年	8万7510円	約3676万円	—
34年	8万9582円	約3655万円	約21万円
33年	9万1782円	約3635万円	約41万円
32年	9万4121円	約3615万円	約61万円
31年	9万6612円	約3594万円	約82万円
30年	9万9272円	約3574万円	約102万円

> 返済期間を1年短くして、返済額を毎月2072円多くするだけで、返済が1年早く終わり、利息は約21万円少なくなる

※金利1.2%、全期間固定金利型、元利均等返済、ボーナス返済なしで試算

35年 → 34年

返済額を1年短くするだけで総返済額は約21万円マイナス

KEYWORD 条件変更で返済期間短縮

返済途中で年収がアップしたり、子どもが独立して支出が減るなど家計に余裕が出てきたら、毎月返済額を増額して返済期間を短縮する条件変更も検討してみよう。

Question 39 返済期間を組み合わせたり途中で変更したりできる？

組み合わせや返済期間の変更は可能。でも、注意点や制約もあります

　ローン契約を2本に分けたり、ペアローンにして夫と妻がそれぞれに借りれば、返済期間の違う住宅ローンを同時に利用することができます。この場合、諸費用が多くなったり、住宅の名義を夫と妻の共有にする必要があるので注意しましょう。また、現在共働きの場合、返済額が多い期間にどちらかが仕事を辞めることになっても返済していける範囲で借りるのが安心です。

　返済途中の返済期間の変更は、手軽にできるものではありません。返済期間を短くすれば毎月返済額が増えるため、年収条件をクリアしているかの審査を受けることになります。返済期間を長くする場合は、借り入れたときに最長返済期間を設定していると、それ以上の延長が難しくなります。また、返済期間を延ばすことで完済時年齢が金融機関の設定した上限年齢を超える場合も変更が難しくなります。返済期間は途中で変更しなくてもいいように、借り入れのときに慎重に決めるようにしましょう。

共働きの夫婦がそれぞれに返済期間10年以上の住宅ローンを借りると、住宅ローン減税が2人分受けられ、所得税額によっては1人で住宅ローンを借りるよりも減税効果が高い場合がある。

夫婦でそれぞれに住宅ローンを借りる場合、将来、仕事を辞める可能性がある人は借入額は少なめ、返済期間は短めにしておきたい。また、借りた金額の割合で共有名義にすることを忘れずに。

返済途中での返済期間の変更は、まずは金融機関に相談して審査を受ける必要がある。希望通りに変更できないことも多いので、繰り上げ返済での返済期間短縮や返済額軽減を先に検討してみよう。

返済期間の組み合わせと返済期間変更のポイント

返済期間を2つ組み合わせた場合
借入額3000万円を返済期間30年（金利1.2％）と10年（金利0.6％）で返済

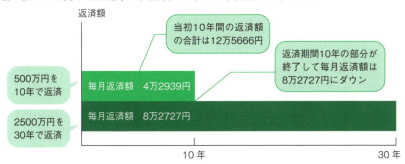

途中で返済期間を変更した場合※
返済期間を短くした場合

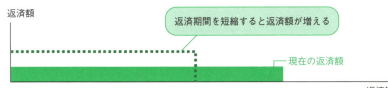

返済期間を長くした場合

※どちらも全期間固定金利、元利均等返済

KEYWORD

返済条件の変更

返済条件の変更には「返済期間の短縮」「返済期間の延長」の他、「ボーナス返済の有無」や「ボーナス返済と毎月返済の比率」「元利均等返済か元金均等返済か」「金利タイプ」などの変更ができる場合がある。

住宅ローン

Question 40 ボーナス返済を使うと返済額はどう変わるの？

**毎月返済額は少なくなりますが
ボーナス月の負担増に注意しましょう**

　ボーナス返済を使う場合は、借入額を毎月返済で返す分と、ボーナス返済で返す分に振り分けます。年2回のボーナス月には、毎月返済額とボーナス返済額を合計した金額を返済することになります。そのため、ボーナス月にはいつもよりも返済額が増えることになります。そのかわり、同じ借入額ならボーナス返済を使ったほうが毎月返済額を少なくすることができます。

　例えば、右頁の表を見てみましょう。同じ3000万円の借り入れでも、毎月返済のみ（ボーナス返済にまわす金額が0円）の場合と、3000万円のうち500万円をボーナス返済にまわす場合では、ボーナス返済を使ったほうが毎月返済額は1万4585円少なくなります。ボーナス月や通常の月の返済に無理がないよう、返済方法を決めるときに金融機関で試算してもらいましょう。なお、ボーナス返済には借入額の何割までまわせるか、などの条件は金融機関や住宅ローン商品によって違ってきます。

ここが大切！

ボーナス月は年に2回。「2月と7月」「3月と8月」などのように、勤務先のボーナス支給月に合わせて設定できるのが一般的。転職などで支給月が変わった場合の変更にも対応してもらえる。	ボーナス返済を使う場合、通常月の元金の減りが小さくなるため利息が少し多くなる。とはいえ、右頁の表のボーナス返済500万円を毎月返済のみと比べると、増える利息は35年で約1万円だ。	ボーナスは転職などで支給額が変わる可能性がある。毎月返済額もボーナス返済額もどちらも無理をすると、支給額が減ったときにローン破綻のリスクも。ボーナス返済に頼りすぎないことが大切。

ボーナス返済を使うと毎月の返済にゆとりが出る

借入額3000万円を金利1.2%、35年で返済した場合※

ボーナス返済に まわす金額	毎月返済額	ボーナス月の返済額	総返済額
0円（毎月返済のみ）	8万7510円	8万7510円 （内、ボーナス返済分 0円）	約3676万円
500万円	7万2925円	16万611円 （内、ボーナス返済分 8万7686円）	約3677万円
1000万円	5万8340円	23万3712円 （内、ボーナス返済分 17万5372円）	約3678万円
1200万円	5万2506円	26万2953円 （内、ボーナス返済分 21万447円）	約3679万円

※ 全期間固定金利型、元利均等返済で試算

年2回のボーナス月には、毎月返済分とボーナス返済分の合計額を返済することになります。

KEYWORD ボーナス返済分の割合

ボーナス返済に振り分けることができるのは多くの金融機関の場合、借入金額の50%まで。フラット35や財形住宅融資は借入額の40%までだ。ただしこれは上限。家計の状況を考えて振り分ける額を決めよう。

Question 41

ボーナス返済に向いてる人は？
逆に向かない人は？

住宅ローン

ポイントはボーナス支給の安定性。
将来の安定度も考えて利用しましょう

　ボーナス返済の利用が向いているのは、住宅ローンの返済に余裕があり、年収に占めるボーナスの比率が高い人。そして、公務員などボーナスの支給額が安定している人です。

　逆にボーナス返済の利用に向いていないのは、ボーナスのない自営業者や契約社員、勤務先の業績によってボーナス支給額の変動が大きい人、今後、転職を考えていて将来のボーナス支給額が不透明な人などです。

　ボーナスの支給額は、民間企業に勤めている場合は勤務先の業績によって左右されます。また、転職やリストラで支給額が減る可能性もあります。ですから、ボーナス返済に頼って借入額を自分が借りられる上限まで増やしたりするのは避けたほうがいいでしょう。万が一、ボーナスがなくなって、毎月返済のみに変更した場合でも返済に無理がない範囲で借りることをおすすめします。

ここが大切！

ボーナスの支給額や支給の有無は、経済情勢、経営状況によって左右される。最近は大企業であっても定期的な昇給や終身雇用は確実ではない。借入額を増やすためのボーナス返済利用は避けたい。

今後、転職や独立の可能性がある人がボーナス返済を利用する場合は、ボーナス返済分の金額を少なくするか、毎月返済のみの返済方法に変更しても家計に無理が出ない借入額にすること。

返済途中でボーナス返済をなくして毎月返済のみにしたり、逆に毎月返済のみをボーナス返済併用にしたり、変更が可能な金融機関が多いが、念のため返済方法を決める前に確認しておきたい。

ボーナス返済に向く人、注意が必要な人のポイントはココ！

【ボーナス返済に向く人】

- ボーナスがこれからも必ずもらえる人
- 支給額が安定している人
- 年収に占めるボーナスの割合が高い人
- クレジットカードのボーナス払いを使わない人

＜ボーナス返済・ココがポイント！＞
年収に余裕があるなら、毎月返済額にボーナス返済を上乗せする形で年間返済額を増やし、返済期間を短くするのもアリ

【ボーナス返済を使うなら注意が必要な人】

- ボーナスがない人
- ボーナスは支給されるが金額が不安定な人
- 将来、転職や独立の可能性がありボーナスの支給額が減るかもしれない人
- 教育費や返済など、ボーナスの使い道が決まっていて、今後も変わらない人

＜ボーナス返済・ココがポイント！＞
ボーナス返済を利用するなら金額は少なめに

第4章 住宅ローンの基礎知識

KEYWORD　ボーナス返済月の延滞

いつもの月よりも返済額が増えるボーナス返済月。実は、ローン破綻に陥った人の中には、ボーナス月に延滞したことがきっかけの人も多い。ボーナス返済への振り分けはくれぐれも無理のない範囲で設定してほしい。

Question 42 住宅ローン
繰り上げ返済って何？
どんなメリットがあるの？

**元金を前倒しで返済すれば
総返済額を減らすことができます**

　返済が始まってから、普段返済している分とは別に、前倒しで元金の一部、または全部を返済するのが「繰り上げ返済」です。元金が早く減るというメリットの他に、その元金にかかるはずだった利息もなくなるので、総返済額を減らす効果があります。

　繰り上げ返済には、返済期間はそのままで毎回の返済額を減らす「返済額軽減型」と、毎回の返済額はそのままで返済期間を短くする「期間短縮型」の2タイプがあります。毎回の返済負担が大きいと感じる人は「返済額軽減型」を、早く完済してしまいたいという人は「期間短縮型」を選ぶといいでしょう。毎月の返済を減らして楽にするか、早く完済して楽にするかは、そのときどきの家計状況やライフプランに合わせて決めるといいでしょう。

　なお、一部の住宅ローンでは、「期間短縮型」の繰り上げ返済は選べないものもあるので注意が必要です。

ここが大切！

元金の一部、または全部を前倒しで返済するのが繰り上げ返済。「返済額軽減型」と「期間短縮型」の2タイプがあるが、どちらも、その元金にかかるはずだった利息をなくすため、総返済額が減る。

期間短縮型の繰り上げ返済の場合、繰り上げ金額は「毎回返済額のうちの元金×繰り上げる月数」分になる。自分が短縮したい期間の場合、繰り上げ金額はいくらになるのかを事前に聞いておくといい。

「契約時、繰り上げ返済は100万円以上からだったのに、数年後、1万円以上からになっていた」など、条件が変更になることがある。借入先の情報はホームページなどで随時チェックしよう。

繰り上げ返済は家計状況やライフプランに合わせて決めよう

「期間短縮型」は返済額はそのままで完済時期が早まる

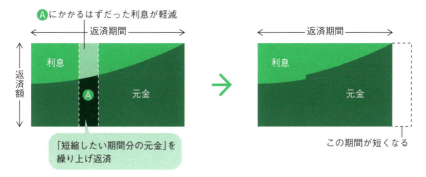

「返済額軽減型」は完済時期はそのままで毎回の返済額が減る

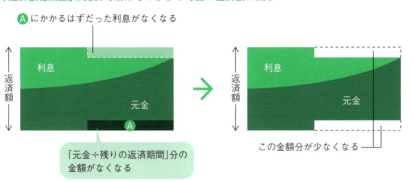

KEYWORD

フラット35の繰り上げ返済手続き

繰り上げ返済をする月の返済日の1カ月前に金融機関に申し出て、返済日までに入金する。ボーナス返済を利用中で期間短縮型を選ぶ場合は、ボーナス返済月が変わらないよう6カ月単位での期間短縮になる。

Question 43 繰り上げ返済の上手な利用の仕方は？

住宅ローン

返済期間の短縮か、返済額の軽減か 家計の事情に合わせて選びましょう

「期間短縮型」は繰り上げ返済後の毎回の返済額は変わりませんが、同じ金額を繰り上げた場合の返済額軽減型よりも、利息をたくさん減らせます。毎回の返済額に余裕がある場合は期間短縮型がよさそうです。「返済額軽減型」は毎回の返済額を減らすことができますから、繰り上げ返済後の家計への負担が軽くなります。"完済する時期は問題はないけれど毎月のローン返済が多い"、と感じている人におすすめです。

なお、繰り上げ返済をして減らせる利息の金額は、実行時期が早ければ早いほど多くなります。1万円から受け入れる銀行も多いので、まとまった金額ができたら繰り上げようと考えずに、こまめに繰り上げ返済をしていくといいでしょう。ただし住宅ローン減税（172頁）の期間中に行うと控除額も減ってしまうため、金融機関に相談してよりお得な方法を選択しましょう。

ここが大切！

| 同じ金額を繰り上げ返済した場合、利息を多く減らせるのは期間短縮型のほう。繰り上げ返済の目的が「総返済額を減らす」ことであれば、迷わず期間短縮型で繰り上げるのがいいだろう。 | 退職後も返済が続く人は、できるだけ期間短縮型で繰り上げて完済時期を前倒しにしたい。ただし、返済額に余裕がない場合は先に返済額軽減型で返済額を減らしておくなど、上手に活用したい。 | 繰り上げ返済は早ければ早いほど利息軽減効果が高い。繰り上げ返済手数料が無料なら、コツコツお金を貯めてから繰り上げるよりも、少額ずつでもこまめに実行していくほうが、総返済額を減らせる。 |

繰り上げ返済は選び方で効果が違ってくる

ローンの条件　借入額3000万円／返済期間35年／金利1.2%（全期間固定金利型）

期間短縮型と返済額軽減型では、利息の減り方が違う

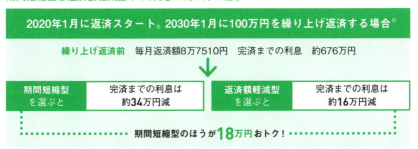

※元利均等返済で試算

10年後と20年後では、利息と返済期間の減り方が違う

※元利均等返済で試算

第4章 住宅ローンの基礎知識

KEYWORD 銀行の住宅ローンの繰り上げ返済の手続き

窓口で繰り上げ返済を申し出る方法の他、電話やインターネットでできる銀行も多い。手続き方法や実行日の何日前までに申し出が必要かなど銀行によって違うので、事前に確認しておこう。

Question 44 繰り上げ返済について他に知っておくべきことは？

住宅ローン

金融機関やローンによって手数料の有無や金額が違います

　まず、繰り上げ返済には手数料がかかる場合があります。いくらかかるか、どんなケースにかかるかは金融機関やローン商品によっていろいろです。手数料無料のところもあれば、数千円から数万円が必要な場合もあります。繰り上げ返済の金額によって手数料の有無や金額が違うこともあります。固定金利の期間中なのか変動金利なのか、手続きが店頭かインターネットかなどでも違ってきます。頻繁に繰り上げ返済をするつもりなら手数料無料かどうかはとても重要なので最初に確認しておきましょう。

　繰り上げ返済ができる金額に下限がある場合も。1万円以上からの金融機関が多いですが、フラット35は窓口では100万円以上、インターネットでは10万円以上からの受け付けです。

　繰り上げ返済は住宅ローンを借りた後のことですが、総返済額に大きくかかわってくることです。安心な資金計画のためにも、あらかじめ確認しておきましょう。

ここが大切！

繰り上げ返済は、金融機関やローン商品によって手数料がかかる場合がある。手数料の有無や金額は、金利タイプ、手続きの方法、繰り上げ返済額などによって違ってくるので注意。

同じ銀行の同じ住宅ローンでも、条件（その銀行に給与振り込み口座を開設する、キャッシュカードにクレジット機能を付けるなど）をクリアしていると繰り上げ返済手数料が無料の場合も。

住宅金融支援機構の財形住宅融資で元利均等返済利用の場合、インターネットで期間短縮型の繰り上げ返済はできない。期間短縮を希望するなら金融機関の窓口で100万円以上からの受け付けになる。

繰り上げ返済をする前に知っておきたいイロイロ

繰り上げ返済手数料に注意
手数料は金融機関やローン商品によって無料〜数万円の差がある。積極的に繰り上げ返済をする予定なら、手数料がかからない、または安いところを検討しよう

受け付け金額の下限に注意
1万円以上から繰り上げ返済を受け付けるケースが多いが、フラット35・財形住宅融資のように窓口では100万円以上から受け付けというところも

貯金をすべて繰り上げ返済にまわさない
住宅ローンを早く終わらせようと繰り上げ返済をしすぎて、手元に貯金ゼロ、というのも不安なもの。万が一の出費や、子どもの教育費など、生活に必要な貯金が足りないということのないように、ある程度のまとまったお金は残しておこう

冬のボーナスで繰り上げ返済をするとき
年末のローン残高の1％が所得税や住民税から控除される住宅ローン減税。ローン残高が多いほうが控除額が大きくなる。冬のボーナスを繰り上げ返済にまわすなら、年末にするよりも、1月に実行したほうがトクになる場合がある

返済額軽減型のない金融機関も
返済額を減らすタイプの繰り上げ返済ができない住宅ローンもある。借入先を決める前に繰り上げ返済の条件を必ず確認しておこう

低金利時代はローン減税を活用
期間短縮型の繰り上げ返済で返済期間が残り10年を切ると住宅ローン減税が適用されなくなる。また、住宅ローン減税は年末ローン残高が多いほうが節税額が大きい。低金利の今は、減税期間中の利息より節税額を多くできる可能性が高いので、10年または13年間はローン減税を優先し、減税期間終了後に繰り上げ返済をするほうがおトクな場合も

KEYWORD

繰り上げ返済手数料

手数料は無料から数万円まで幅広い。変動金利期間中より固定金利期間中のほうが高かったり、一部繰り上げ返済は無料でも一括繰り上げ返済は手数料がかかったりなどさまざまだ。

column

融資の審査で銀行が重視するのは年齢、健康状態など

　フラット35や財形住宅融資などの公的融資は、条件をクリアしていれば窓口の金融機関にどこを選んでも融資が受けられます。でも、銀行など民間の住宅ローンの場合、審査基準は金融機関が独自に設定していて、詳細は明らかにされていません。ですから、どんな項目をクリアしていれば希望通りの金額や返済期間で借りられるのかは、審査を受けてみなければ分からない、ということになります。そこで参考にしたいのが、国土交通省が行った調査です（下グラフ参照）。調査からは多くの民間金融機関が、融資の審査をするときに考慮しているのは健康状態や年齢、勤続年数、そして年収などに関することだと分かります。一方、雇用先の規模や、所有資産、性別については、あまり重要視されない傾向にあるようです。

民間住宅ローンの融資で考慮されている項目

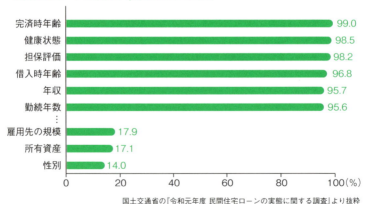

国土交通省の『令和元年度 民間住宅ローンの実態に関する調査』より抜粋

第5章

今後の家計の変化から考える

自分に合った住宅ローンの借り方・返し方

長期間、安心して返済できる住宅ローンの借り方・返し方は、それぞれの家計の事情によって違ってきます。ここでは、現在の家計状況を把握したうえで、将来の支出・収入の変化を予測。タイプ別に知っておきたい資金計画のルールをご紹介します。自分自身が借り方・返し方を決めるときの参考にしてください。

Question 45 家づくりの資金計画はまず何から始めればいいの？

家計の収支を把握するため家計簿をつけてみましょう

「住宅ローン返済が始まってみたら生活費が足りなくて家計が苦しい！」ということのないよう、まずは家計簿をつけて毎月、何にいくら支払っているのか、家計状況を把握しましょう。一定期間、家計簿をつけてみることで、今、住宅費にいくらかかっているか、無駄遣いがないかがわかります。右頁の表に、毎月の平均を1000円単位でかまわないので記入し、「住まいにかけているお金」がいくらかをチェック。家を建てた後の、住宅ローン返済や税金、将来のリフォームのための積み立てが、この金額内に納まれば、住宅ローンの返済が始まっても今の生活水準を保てます。ただし、教育費や帰省費用、車の買い換え費用など大型出費が予測されるなら、その資金を確保できるかの確認を忘れずに。他にも自己資金をいくら用意できそうかを把握することも大切です。今ある預貯金、解約や換金が可能な保険など試算をリストアップ。32頁の「わが家の資産チェック表」に書き込んでみましょう。

現在払っている家賃は、住宅ローン返済額を決めるうえでの目安になる。ただし、住宅新築後は税金やメンテナンス費用がかかることを忘れずに。また、この機会に生命保険の見直しもしておこう。

現在、社宅などで住宅費がほとんどかかっていない場合は「ローンを返済しているつもり」で貯金額を増やす生活を数カ月程度試してみよう。頭金のための貯金も増やせるし、一石二鳥だ。

自己資金の金額を把握するため、預貯金などの資産をリストアップしておこう。その合計金額から、今後使う予定のあるお金や万が一の備えを引いたものが住宅取得のために使える金額になる。

わが家の出費の内容と金額を確認しておこう

毎月の出費

住まいにかけているお金	家賃	万	円
	共益費・駐車場代	万	円
	家を買うための預貯金	万	円
基本生活費	食費	万	円
	水道・光熱費	万	円
	日用品代	万	円
	被服費	万	円
	理・美容費	万	円
	医療・保健費	万	円
	教育費	万	円
	交通費	万	円
	教養・娯楽費	万	円
	電話代・インターネット代	万	円
保険料	生命保険	万	円
	医療保険	万	円
	子どものための保険	万	円
	損害保険	万	円
積み立てるお金（家を買うための預貯金以外）		万	円
その他（こづかいなど）		万	円

合計　　万　　円

毎月ではないけれど、出費が予定されているもの

税金や車検代、帰省費用などを書き出しておこう

万	円	万	円
万	円	万	円

第5章　自分に合った住宅ローンの借り方・返し方

KEYWORD

家計状況の把握

家計の収支を把握することで、使途不明金をなくし、貯蓄できる金額を明確にすることができる。家計状況を把握したら、必ず貯蓄をしてその貯蓄を使う時期や使い道に合わせて無理なく運用することが大切だ。

Question 46 資金計画は将来も考えて立てるというけど、どうすればいい？

将来の収入・支出を予測して簡単なグラフを作ってみましょう

　現在の家計の把握と同じくらい大切なのが将来の収入と支出の予測です。住宅ローンの返済の他に、教育費や車の買い換え、リフォームなどの大きな出費がいつ頃あるかを整理しておくといいでしょう。将来のことはなかなかわかりませんが、お子さんがいる場合、教育費が何年後に何年間増えるかの見当はつくはず。

　右頁のグラフは、今30歳のAさんファミリーに、いつ大きな出費があるかをあらわしたもの。教育費や車の買い換えなど、すでに計画を立てている出費をグラフに書き込むだけで、今後の収入と支出のバランスが見えてきます。住宅ローンを借りるときは、出費の多い時期でも無理なく返せるか、家計が苦しくなりそうならどんな対策があるかを事前に考えておくことが大切。140頁に書き込み用グラフを用意したので、ぜひ記入してみましょう。そして、142頁からのタイプ別資金計画で、どのタイプを参考にすればいいのかの目安にしてください。

今から定年退職後までの支出や収入の変化を予測してグラフにしておくと、家計に余裕がある時期、出費が多く赤字になるかもしれない時期の見当がつけやすい。簡単なグラフでいいので作ってみよう。

子どものいる世帯で大きな支出になるのが教育費。これは、私立か公立か、文系か理系かで学費が大きく違ってくる。また、塾などにはどれくらいお金をかけるかという教育方針も影響する。

子どもの学校は私立を選択すれば支出が増える。平成28年度「子どもの学習費調査」（文部科学省）では、幼稚園から高校まですべて私立の場合は約1770万円、国公立なら約540万円となっている。

収入と支出のバランスをグラフで見てみよう

現在30歳。5歳と3歳の子どもがいるAさんの場合

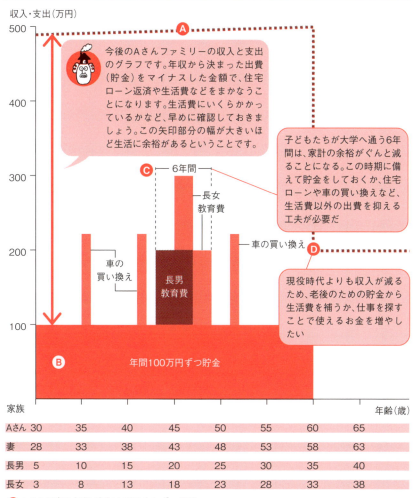

- **A** Aさんの家の年収。定年までに少しずつ昇給
- **B** 年間100万円の貯金を定年まで続けるのが目標
- **C** 子どもたちの教育費。高校まで公立、大学は地元の国立大（4年間の教育費約500万円）を想定
- **D** 定年退職で年収が下がる

将来の＜家計のゆとり＞が増えるか減るかをチェック！

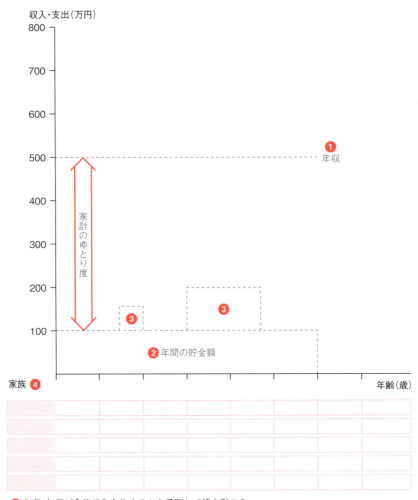

❶ 年収：年収が今後どう変化するかを予測して線を引こう
❷ 年間の貯金額：予定している貯金額を記入しよう
❸ 大きな出費：学費や車の買い換え、家族旅行、リフォーム代、など、貯金からまかなえない出費がある時期に記入しよう
❹ 家族の年齢：家族の年齢を記入。2歳刻み、5歳刻みなど、記入方法は自由に

グラフが完成したら「家計のゆとり度」の幅の変化をチェックして右頁へ！

「家計のゆとり度」の変化から自分がどのタイプかを見てみましょう。142頁からはタイプ別に知っておきたいいろいろな資金計画をご紹介します！

「家計のゆとり度」の幅が将来、小さくなる or 小さくなる時期がある

あなたは、将来ちょっと大変な **A** タイプ
住宅ローン返済スタート直後はゆとりがあっても、共働きを辞めたり、大きな出費があったりが予測できて家計のゆとりが減っていくタイプ

 142頁へ

「家計のゆとり度」の幅が将来、大きくなる or 大きくなる時期がある

あなたは、将来ゆとりがある **B** タイプ
確実に昇給が見込まれる場合や、共働きをする予定がある。もうすぐ子どもが独立する。教育費などの大きな出費は貯金や保険から出す予定なので大きな出費はないなど、将来の家計にゆとりがあるタイプ

 152頁へ

「家計のゆとり度」の幅は、今も将来も変わらない

あなたは、ゆとりは今のまま **C** タイプ
収入も増えないが、大きな支出も予定していない。収入は増える予定だが、その分は貯金にまわすつもりなど、家計のゆとり度がずっと変わらないタイプ

 158頁へ

Question 47

Aタイプ 将来、年収が減る人はどんな金利を選べばいい？

家計の余裕が減る時期に備えて固定金利型で返済額を一定に

ここからは、将来の家計の変化と、それに合った資金計画の立て方を考えていきましょう。Aは、将来、教育費などの支出が増えたり、共働きをやめることで収入減が予測されるタイプ。支出がいくら増えるのか、年収がいくら減るのかを事前に考えておき、その分を貯金しておく、年収が減った場合に合わせて住宅ローンの返済額を設定するなどの対策を。しかし、「学校が私立か公立か未定」「リストラの可能性がある」などの場合は、どれくらい支出や収入に影響するかが分かりにくい。家計のゆとり減と、金利上昇で住宅ローン返済が増えるという二重のリスクにならないよう、せめて住宅ローン返済額は固定するのが得策。金利が上がる可能性がある変動型よりも、完済まで返済額が変わらない固定金利型を選ぶのが安心です。返済額には余裕をもち、支出アップ、収入ダウンの際に家計を圧迫しないよう気をつけましょう。

ここが大切！

将来、住宅費にまわせるお金が減りそうなら、金利が上がる可能性がある変動型や短期の固定期間選択型を選ぶと家計が圧迫されるリスクがある。完済まで返済額の変わらない全期間固定金利型の検討を。

今は変動金利型よりも長期の固定金利型は金利が高めなので、返済額も多くなる。無理のない返済額にするには、頭金を増やしたり、建築費を見直したりして借入額を抑える工夫をすることが大切。

今の家計状況に合わせて毎月返済額を設定すると、将来、住宅費にまわせるお金が減ったとき、生活費が足りなくなる可能性もある。毎月返済額は将来、無理が出ないようにできるだけ少なくしたい。

金利は完済まで返済額が変わらないタイプを選ぼう

35歳で3000万円を借り入れる場合

ローンの条件　借入額：3000万円／返済期間35年
　　　　　　　返済方法：毎月返済のみ、元利均等返済

変動金利型（金利0.6％）で借りて、金利がアップし返済額が増えた場合

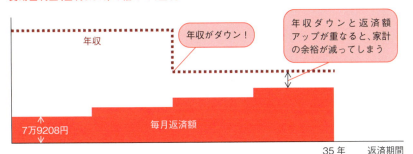

全期間固定金利型（金利1.2％）で借りて、返済額が変わらない場合

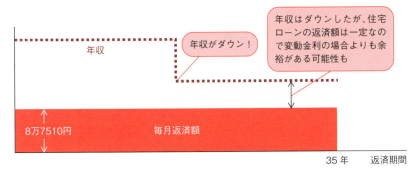

Question 48

A タイプ 家計の余裕が増えないなら返済はいつまでに終わらせる?

退職後のリスクを回避するためにも
定年退職までに完済できる期間を設定しましょう

　住宅ローン減税の恩恵を受けるには、返済期間をできるだけ長くして年末のローン残高を多くしておき、減税の期間が過ぎたら繰り上げ返済で返済期間を短縮するのもひとつの方法です。でも、今後、支出が増えたり、収入が減ったりするのであれば、繰り上げ返済のための貯金は難しく、計画通りにできなくなるかも。借り入れ当初に最長返済期間を設定し、完済時期が退職後になると、老後の生活が圧迫される可能性が大きくなります。退職金でローンの残りを一括返済しようと計画する人もいるかもしれませんが、今の時代、退職金はあてにしないほうが無難です。退職金が出たとしても、それは老後の生活資金としてとっておいたほうが安心でしょう。つまり、今後、家計の余裕が増えないなら、返済期間は無理に長くせず、右頁のケースのように退職までに完済できる長さを検討しましょう。

今後、支出が増えたり、収入が減ったりした場合、繰り上げ返済用の貯金はなかなかできないもの。長期返済で借りて繰り上げ返済を計画するより、最初から定年退職までに完済できるよう設定しよう。

退職金での一括返済は、退職金が確実に出て、その中から住宅ローンの残りを返しても老後資金が確保できる人や、退職後も現役時代と同じくらいの収入が安定して見込める人であればOK。

返済期間を短くすると毎月返済額は大きくなるが、退職後にローン返済がないのは安心。また、返済期間が短いほうが元金にかかる利息も少なくなるので、総返済額を抑える効果もある。

定年退職の65歳以前の住宅ローン完済をめざそう

35歳で3000万円を借り入れる場合

| ローンの条件 | 借入額：3000万円／金利：1.2％（全期間固定金利型）
返済方法：ボーナス返済なし、元利均等返済 |

最長の**35年返済**を利用すると

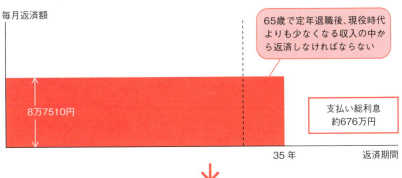

毎月返済額 8万7510円／支払い総利息 約676万円／返済期間 35年

65歳で定年退職後、現役時代よりも少なくなる収入の中から返済しなければならない

↓

定年退職と同時に返済が終わる**30年返済**にすると

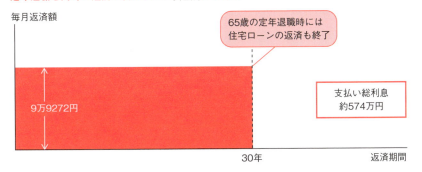

毎月返済額 9万9272円／支払い総利息 約574万円／返済期間 30年

65歳の定年退職時には住宅ローンの返済も終了

定年退職までに返済できるプランにしたいよね！

Question 49

Aタイプ 将来の返済を軽くする他の方法はある？

2タイプの金利や返済期間を組み合わせて借りることもできます

　全期間固定金利型で毎月返済額を固定してしまうのもいいですが、将来の支出アップや収入ダウンに、もっと積極的に対応することも考えてみましょう。家計の余裕が少なくなる時期が予測できる場合は、借入額の一部を短期返済にするのも効果的です。この場合、ローンが2本立ての期間は返済額が多めになるので短期返済のものを低金利の変動金利型や短期の固定期間選択型にするのがポイント。例えば、10年後に子どもが高校や大学に進学して教育費が増えそうという場合、全期間固定金利型と、返済期間10年以下の変動金利型や短期の固定期間選択型を組み合わせる方法もあります。なお、金利上昇のリスクを抑えるためには、金利が変動するタイプのローンの割合を少なくすること。変動金利型を組み合わせても短期返済で、かつ少ない金額であれば低金利のメリットを享受しながら、将来的に確実に毎月の負担を減らすことができます。

今後、家計の余裕が少なくなる時期が来ることがわかっているなら、住宅ローンの返済が増えないような借り方にしたい。全期間固定金利型なら、住宅費の支出が完済まで一定な点で安心。

住宅ローンを2本に分けて片方を短期返済にすると、当初の返済額が多めになる。返済額を抑えるには低金利の変動金利型を選択する方法がある。ただし、金利が変動しないタイプの比率を高くしたい。

途中で繰り上げ返済をする場合、金利が上昇傾向なら変動金利型や短期の固定期間選択型を先に、金利が現状維持・下降傾向なら全期間固定金利型を先にすると残債を効果的に減らすことができる。

全期間固定金利型の借り入れ比率を高くする

35歳で3000万円を全期間固定金利型と固定期間選択型をミックスして借りる場合

ローンの条件	借入額：3000万円／返済期間：35年 返済方法：ボーナス返済なし、元利均等返済 金利タイプ：全期間固定金利型と固定期間選択型10年ものを組み合わせ

＜全期間固定金利型の割合が小さい場合＞

借入額	当初10年間の毎月返済額 合計 8万3782円	次の10年間の毎月返済額 合計 9万5766円
全期間固定金利型 （金利1.2％） 1000万円	2万9170円	
固定期間選択型10年固定 （金利0.8％と仮定） 2000万円	5万4612円	10年後、10年固定の金利が2.5％になったら **1万1984円のアップ** → 6万6596円

＜全期間固定金利型の割合が大きい場合＞

借入額	当初10年間の毎月返済額 合計 8万5646円	次の10年間の毎月返済額 合計 9万1637円
全期間固定金利型 （金利1.2％） 2000万円	5万8340円	
固定期間選択型10年固定 （金利0.8％と仮定） 1000万円	2万7306円	10年後、10年固定の金利が2.5％になったら **5991円のアップ** → 3万3297円

 金利が上がると全期間固定金利型の割合が大きいほうが、返済額アップを抑えられます。今は低金利時代。金利は下がるより上がるものと考えて、固定金利型を多くしたほうがいいですね！

Question 50

Aタイプ 収入に余裕があるうちにしておくといいことは？

**家計に余裕があるなら
繰り上げ返済用に貯金をしておきましょう**

　今後、支出アップや収入ダウンが予測されるなら、ずっと無理なく返していける金額を毎月返済額の上限に設定しておくのがいいでしょう。また、返済スタート当初の家計に余裕があるなら、支出アップ・収入ダウンする時期が来るまでの間に、繰り上げ返済用の貯金に励むのもいいですね。

　繰り上げ返済は早く実行したほうが、減らせる利息が多くなります。しかし、住宅ローン減税の適用期間は、所得税や住民税の節税を優先するほうがおトクな場合も。どちらが有利かは借入額や納税額によって違ってきますが、低金利の今、まとまった所得税を払っている世帯なら、住宅ローン減税の恩恵をしっかり受けてから、繰り上げ返済をしたほうが総支払額が減らせる可能性があります。どちらを選ぶかはじっくり検討して、自分で選ぶようにしましょう。右頁は住宅ローン減税期間終了後に繰り上げ返済をした場合、毎月返済額はどれくらい減るかを試算したものです。

ここが大切！

| 将来、家計が変化しても無理をせずに返済していける借り方・返し方をすることが大前提だ。場合によっては頭金の増額や、建築費の見直しをして、借入額を減らすことも検討しよう。 | 将来、収入ダウンや支出アップの可能性があるなら、家計のゆとりがあるうちに貯金をしておき、家計の状況をみながら、返済額軽減型の繰り上げ返済をして毎月の負担を減らす対策を。 | 繰り上げ返済はすればするほど将来の返済がラクになる。しかし、貯金のすべてを繰り上げ返済に使わないように。病気やケガ、万が一の出費などに備えて最低でも生活費半年分くらいは残しておこう。 |

年収が減る可能性があるなら繰り上げ返済の準備をしておこう

35歳で3000万円を借り入れる場合

| ローンの条件 | 借入額：3000万円／金利：1.2%（全期間固定金利型）／返済期間：35年
返済方法：ボーナス返済なし、元利均等返済 |

返済開始から**10年後に年収が減ると？**

年収

年収ダウン。住宅ローンの返済額が変わらなければ、生活費にまわせる金額は減る

毎月返済額 8万7510円

10年　　　　　　　　　　30年　返済期間

収入ダウンの可能性が高いなら、ダウン後の返済額に無理がないかを検討しておきましょう。

収入に余裕がある間に貯金。住宅ローン減税終了後、繰り上げ返済で返済額を減らすと？

いくら繰り上げ？	13年後以降の毎月返済額は？	いくら減る？
100万円	8万4201円	△3309円
300万円	7万7583円	△9927円
500万円	7万965円	△1万6545円

第5章　自分に合った住宅ローンの借り方・返し方

資金計画

Question 51

Aタイプ 将来、収入ダウンなら元利均等返済？元金均等返済？

当初の返済に無理がなければ元金均等返済も検討してみましょう

　まずは借り過ぎに注意すること。そして、金利を組み合わせたり（146頁）、繰り上げ返済を上手に使ったり（148頁）といった工夫の他に、当初の返済額に無理がないなら「元金均等返済」を選択するのもいいでしょう。

　元金均等返済（114頁）は、元利均等返済に比べると、返済スタート当初の返済額は大きくなってしまいますが、返済が進むにつれて少しずつ返済額が減っていきます。将来、支出がアップしたり収入がダウンしたりしたとき、少しでも住宅ローンの負担が少なくなっていれば、家計への痛手も軽くなるかもしれません。

　ただし、元金均等返済はどの金融機関でも扱っているわけではありません。自分が利用しようとしている金融機関が扱っているかどうか、または、元金均等返済の利用を優先するならどの金融機関がいいかを早めに調べておく必要があります。

ここが大切！

元金均等返済は徐々に返済額が減っていく返済方法。元利均等返済に比べて完済までにかかる利息は少ないが、当初の返済額が大きくなるので、返済に無理がないかどうかに気をつけたい。

早期に繰り上げ返済をした場合、元利均等返済にしておいたほうが、軽減できる利息の額が多かったり、毎月返済額を少なくできたりすることもある。繰り上げ返済を予定している場合は注意しよう。

元金均等返済が使えるのは「フラット35」や「財形住宅融資」。銀行などの民間金融機関では元金均等返済を利用できないところも多い。借入先を選ぶときには、早めに確認しておくといいだろう。

徐々に返済額が減っていく元金均等返済で返そう

35歳で3000万円を借り入れる場合

ローンの条件　借入額：3000万円／金利：1.2%（全期間固定金利型）／返済期間：35年
　　　　　　　返済方法：ボーナス返済なし、元金均等返済

返済が進むにつれて、毎月返済額はいくらくらい減るかを知っておこう

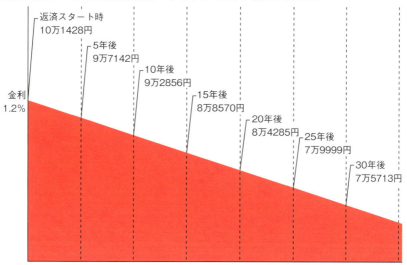

金利1.2%
- 返済スタート時　10万1428円
- 5年後　9万7142円
- 10年後　9万2856円
- 15年後　8万8570円
- 20年後　8万4285円
- 25年後　7万9999円
- 30年後　7万5713円

返済期間

最初に頑張ったからだんだんラクになってきたね

第5章　自分に合った住宅ローンの借り方・返し方

Question 52

Bタイプ 将来、収入アップ予定。
返済期間はどうしたらいい？

余裕ができた分で繰り上げ返済や条件変更をして返済期間を短縮しましょう

　将来、収入が増えたり支出が減ったりするのが確実でも、返済スタート時に無理な返済計画を立てるのは禁物です。返済当初は無理のない返済額に抑え、家計に余裕が出てから積極的に返済をしていく資金計画にするのがいいでしょう。

　例えば、最初は家計に無理がないように毎月返済額を少なくできる、長めの返済期間に設定しておくのもいいでしょう。ローン返済にまわせるお金が増えるまでは無理のない範囲で返済していけば安心です。

　でも、ずっと長い返済期間のままで定年退職後も返済が続くことになるのは避けたいもの。家計に余裕ができたら貯金をして期間短縮型の繰り上げ返済をしたり、返済額を増やす条件変更で返済期間を短くしたりするといいでしょう。定年退職の前までには完済できるようにするのが安心です。

| 将来、収入が増えたり支出が減ったりすることがわかっていても、返済スタート時から無理をするのは危険。家計に余裕が出る前にローン破綻してしまっては元も子もない。返済額にはゆとりをもつよう心がけよう。 | 「子どもが小学生になったら共働きに戻る」「4年後に子どもが大学を卒業する」など、将来、家計に余裕が生じることが確実なら、当初は返済期間を長めに設定し、後で返済期間を短縮する方法もある。 | 家計に余裕が出たら、期間短縮型の繰り上げ返済(128頁)をするか、条件変更で毎月返済額を増やして返済期間を短くするなど、定年後にローン返済が残らないようにしたい。 |

条件変更で返済期間を短縮する方法も検討しよう

35歳で3000万円を借り、35年返済を設定する場合

| ローンの条件 | 借入額:3000万円／金利:1.2%(全期間固定金利型)
返済方法:ボーナス返済なし、元利均等返済 |

| 35歳で35年返済を選択 | 毎月返済額 **8万7510円** |

完済は退職後の70歳で不安

10年後に家計に余裕が生じる場合
毎月返済額を増やす**条件変更で返済期間を短縮**

10年後に毎月返済額を約**10万6000円**にすると

返済期間が5年短縮

65歳の定年退職前に完済！

子どもが独立したらローン返済にまわせるお金が増えるわね。

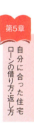

Question 53

Bタイプ 将来の家計がラクな人は低金利をどう活用できる？

金利上昇リスクも考えたうえなら低金利の変動金利型も検討してみましょう

　住宅ローンは全期間固定金利型のほうが将来の金利上昇リスクに不安にならずに済みます。でも、今は超低金利時代。変動金利型は実質1％未満の住宅ローンがほとんどです。さらに、金融機関が定めた条件をクリアしていれば、店頭表示金利よりも低い引き下げ金利が適用になります。金利は低ければ低いほど、毎回の返済額が少なくなりますから全期間固定金利型よりも低金利の変動金利型は魅力です。

　心配なのは将来の金利が上がって返済額が増えること。しかし、将来の収入が増えたり、支出が減ったりすることが確実なら、金利が上昇しても返済に支障は出ない可能性もあります。

　将来の金利が変わる可能性がある返済の仕方を選ぶなら、家計のゆとり度が変わるのは何年後なのか、いくらくらい余裕ができそうなのかを明確しておくこと。そのうえで金利がアップした場合にも返済していけるかどうかを試算しておきましょう。

ここが大切！

将来、家計にゆとりが出て、住宅費にまわせる金額が増える場合、住宅ローンの金利が上がって返済額が増えたとしても、返済に支障が出ない可能性はある。ただし、無理な返済計画は禁物だ。	家計にどれくらい余裕が出るのか、金利の上昇はどれくらいまで大丈夫かを試算したうえで、変動金利型や短期の固定期間選択型など低金利の住宅ローンを利用するのもひとつの選択だ。	変動金利型や短期の固定期間選択型を選んだ場合、返済額軽減型の繰り上げ返済をしておけば、将来的に金利が上がっても元金が少なくなっているので大幅な返済額のアップは防げることも。

変動金利型や短期の固定期間選択型を検討してみよう

35歳で3000万円を借り、将来、収入が増える場合

ローンの条件	借入額：3000万円／返済期間：35年 返済方法：ボーナス返済なし、元利均等返済

10年後に共働きを開始して世帯年収を100万円増やす予定の場合

＜変動金利型（金利0.6％※）で借りたら＞

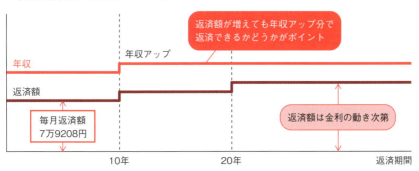

※店頭表示金利2.475％から0.6％に引き下げられた金利で試算

Question 54 **Bタイプ** 将来、余裕ができるなら繰り上げ返済はどう使う?

無理のない返済額になる長期返済で借り
将来は繰り上げ返済で期間短縮をしましょう

　例えば、「子どもが小学生になったら共働きを再開しよう」と思っていても仕事が見つからないなど、予定通りにならないこともあるでしょう。将来の家計に余裕ができるかどうか、確実とはいえないなら、今の収入で無理のない金額と返済期間で借りておき、年収が増えたら積極的に繰り上げ返済をして利息を減らすのがよさそうです。繰り上げ返済には「期間短縮型」と「返済額軽減型」がありますが、返済額が家計の負担になっていないのであれば、利息軽減効果の高い「期間短縮型」がおトクですし、完済時期も早まりますから気持ちもラクです。繰り上げ返済は実行時期が早いほうが利息の減り方が大きいので、資金ができたらこまめに返済するのがおすすめです。ただし、手数料がかかったり、フラット35など100万円以上（窓口申し込みの場合）から受け入れの場合もあるので注意。期間短縮型で残りの返済期間が10年を切るとローン減税の対象ではなくなる点にも注意が必要です。

毎月返済額が家計を圧迫しない範囲で借りておき、返済期間も定年退職前完済で設定。家計に余裕ができたら繰り上げ返済で利息を減らし、総返済額を予定よりも少なくするのが賢く安全な返し方だ。	繰り上げ返済に手数料がかかる住宅ローンの場合は、軽減される利息と手数料の差額を考えて繰り上げ返済を実行しよう。こまめな繰り上げ返済をする予定なら、手数料無料の住宅ローンが有利。	家計に余裕が出たら毎回の返済額を増やして返済期間を短縮する「条件変更」も可能。しかし、一度短縮した返済期間を後で延ばすのは難しい。一時的な家計の余裕なら繰り上げ返済の活用が安心。

■ 将来、家計にゆとりができたら積極的に繰り上げ返済をしよう

35歳で3000万円を借り、将来、収入が増える場合

| ローンの条件 | 借入額：3000万円／返済期間：35年
返済方法：ボーナス返済なし、元利均等返済 |

10年間で期間短縮型の繰り上げ返済を5回実行

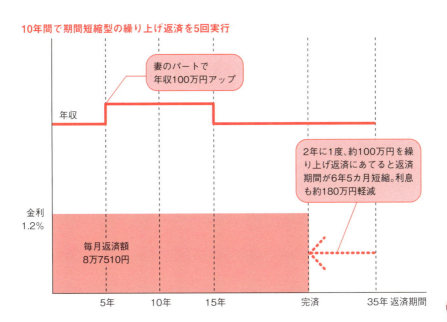

妻のパートで年収100万円アップ

2年に1度、約100万円を繰り上げ返済にあてると返済期間が6年5カ月短縮。利息も約180万円軽減

年収／金利1.2%／毎月返済額 8万7510円

第5章 自分に合った住宅ローンの借り方・返し方

早く完済するため、こまめな繰り上げ返済を目標にするわ。手数料が無料の銀行を探さなくちゃ！

Question 55 Cタイプ 家計の余裕は変わらない。どんな金利を選べばいい？

安心感を優先するなら、返済額が変わらない全期間固定金利型がおすすめです

　収入も支出も変わらないということは、住宅ローンの返済額も完済まで一定にしてしまえば、家計のゆとり度が変動せず、安心感が得られそうです。完済まで同じ金利が適用になる全期間固定金利型で借りれば、完済まで返済額が変わらず、何年後にいくらの元金が残っているかも明確です。しかし、現在1％未満で借入可能な変動金利型に比べて、全期間固定金利型は金利が高めで、同じ金額を借りたときの返済額が変動金利型より多くなってしまいます。このため、変動金利型を選ぶ人が増えているのです。でも、定期的に金利や返済額が見直される変動金利型は、5年後からの毎月返済額や残債が不透明です。もし、数年後に金利が上昇し返済額が増えると、生活の余裕がなくなる可能性もあります。

　全額を全期間固定金利型にするか、変動金利型と全期間固定金利型を組み合わせて借りる場合は変動金利型の割合を小さくするか、返済額ができるだけ一定になる返済方法を選びましょう。

将来、収入も支出も変わらないなら、住宅ローン返済額も一定にするなど、できるだけ変動が少ない返し方を選びたい。家計のゆとりを一定にすることで老後のための貯金なども計画的にしやすい。

全額を全期間固定金利型にすることで、返済額が完済まで明確になり、住宅費の変動リスクを抑えることができる。また、完済までの残債の額も明確なので、繰り上げ返済の計画も立てやすい。

全期間固定金利型では毎月返済額が多くなってしまう場合は、当初の返済額を少なくするために低金利の変動金利型を併用する方法も。ただし、全期間固定金利型の割合をできるだけ大きくしたい。

全期間を固定金利型で返済するのが安心

全額を変動金利型で借りる vs 全額を全期間固定金利型で借りる

ローンの条件　借入額:3000万円／返済期間:35年／返済方法:ボーナス返済なし、元利均等返済

全額を**変動金利型**（引き下げ金利0.6％※）で借りると

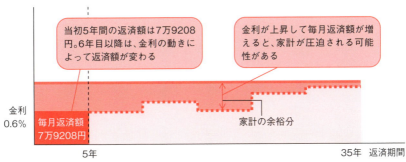

※店頭表示金利2.475％から0.6％に引き下げられた金利で試算

全額を**全期間固定金利型**（金利1.2％）で借りると

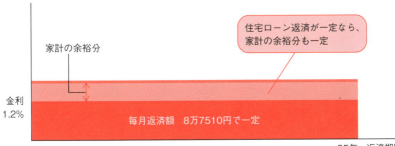

第5章　自分に合った住宅ローンの借り方・返し方

Question 56

Cタイプ 共働きを続ける予定。
たくさん借りてもいい?

**収入合算で借入額を増やすことも可能。
ただし、共働きを続ける覚悟が必要です**

　共働きをずっと続けるなら収入合算やペアローンを活用する方法もあります。「収入合算」はローンを申し込む人の収入に、同居する配偶者や親などの収入をプラスすることができます。収入が増えることになるので、借りられる金額が増えます。フラット35や財形住宅融資の場合、債務者は1人で、収入合算をする人が連帯債務者になります。「ペアローン」は夫婦それぞれがローンの債務者になる方法です。どちらの方法も2人で力を合わせることで借入限度額をアップすることができますが、借りる金額を増やすことよりも返済期間を短くしてしまうことを考えるといいでしょう。

　いずれにしても夫婦が共に返済の責任を負うことになりますから、もし返済途中で共働きをやめても、原則として債務者を1人に変更することはできません。完済まで2人で返済を続ける覚悟が必要です。

ここが大切!

収入合算のための条件や合算できる金額は金融機関によって違ってくる。収入合算もペアローンも年間返済額を増やせる。借入額を増やすよりは、返済期間を短くして早めに完済するのがおすすめ。

収入合算やペアローンで年間返済額を増やし、返済期間を短縮することで、利息を少なくすることが可能だ。総返済額をできるだけ圧縮したい世帯向き。ただし、完済まで共働きを続けよう。

返済途中で、連帯債務者や債務者であることを簡単にはやめられない。ずっと働くつもりだったが、妻が仕事をやめてしまった場合に夫1人の住宅ローンに変更することは難しいので慎重に検討を。

収入合算をして借りる方法もある

共働きを続けるので収入合算をした場合

ローンの条件	返済方法：ボーナス返済なし、元利均等返済 金利タイプ：全期間固定金利型

夫の年収600万円と妻の年収300万円を合算

＜借りられる金額が増える＞ 金利1.2％、返済期間35年、年間総返済額を年収の25％で試算

年収 **600** 万円で借りられる金額	約 **4285** 万円

収入合算をして年収 **900** 万円で借りられる金額	約 **6427** 万円

＜返済期間を短くできる＞ 金利1.2％、借入額約3000万円、年間総返済額を年収の25％で試算

年収 **600** 万円で設定できる返済期間	約 **23** 年

収入合算をして年収 **900** 万円で設定できる返済期間	約 **15** 年

完済まで共働きで頑張るぞー！

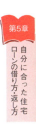

第5章 自分に合った住宅ローンの借り方・返し方

Question 57

Cタイプ 子どものいない夫婦は教育費がない分、借りられる？

今は家計に余裕があっても妻が専業主婦なら老後資金に注意しましょう

　妻がこの先も専業主婦で子どもはいない世帯では、今後、支出や収入に大きな変化がないケースも多いです。教育費がかからず家計に余裕があるからと、マイホームの予算を上げたくなりますが、配偶者が専業主婦（主夫）や自営業者などの場合は、共働きの世帯よりも老後資金を多めに貯めておく必要があります。

　例えば、老後資金の柱になる退職金は、専業主婦（主夫）の配偶者にはありません。また、自営業者などの場合は年金の支給額が少ないため、給与所得者の共働き世帯に比べると退職後の収入が少ないのです。ですから、住宅にばかりお金をかけるのはハイリスク。住宅ローンの返済と並行して老後のための貯金を行うことが必要です。また、長期での貯金になるので運用して少しでも増やすことを考えておくといいでしょう。右頁は住宅ローンを多くして貯金の運用をしなかったケースと、老後のための貯金を多くして運用も行ったケースの比較です。参考にしてみてください。

| 配偶者が専業主婦（主夫）や自営業者などの場合、退職金や年金など老後の収入が共働き世帯よりも少なくなる。住宅ローン返済と並行して老後のための貯金をしておくことが必要だ。 | 老後のための貯金は長期運用が可能。一般的に、短期運用よりも長期運用のほうが利率の高いものが多い。効率的に貯蓄を増やすために投資の勉強をするのもいいだろう。ただし安全性重視で。 | 家計は住宅費・教育費・老後のための貯金と、収入・運用のバランスが大切。これは配偶者が専業主婦（主夫）の場合に限らず、どの世帯にもいえること。将来も考えた家計を組み立てたい。 |

老後のため、住宅費と貯金のバランス、運用を考えよう

住宅ローン返済と貯金にまわせる金額を月14万円とした場合

ローンの条件	返済期間：35年／金利：1.2% 返済方法：ボーナス返済なし、元利均等返済／金利タイプ：全期間固定金利型

＜住宅ローンを毎月12万円返済、老後のために毎月2万円貯金。運用はしない＞

借入額は 約4113万円

老後のための貯金を毎月2万円するが、普通預金に預けっぱなしで運用しない場合、無利息とすると、35年間で老後資金は**840万円**に

老後は**年金と退職金**の他に35年間で**積み立てた無利息の預金のみ**

＜住宅ローンは毎月10万円返済、老後のために毎月4万円貯金。年複利で運用＞

借入額は 約3428万円

老後のための貯金を毎月4万円し、貯金を運用する場合
年利率 0.5%の場合、35年間で老後資金は**約1802万円**に
1.0%の場合、35年間で老後資金は**約1937万円**に

老後は**年金と退職金**の他に35年間で**積み立て、運用**した資金がある

 マイホーム取得の予算は約685万円少なくなりますが、退職時にはまとまった資金が手元に。また、無利息なら840万円のままの預金を運用することで増やすことができます。

Question 58 もしも返済が苦しくなったら どうしたらいいの？

返済が滞る前に早めに金融機関で相談を
条件変更などで対応してくれることもあります

　どんなに慎重に資金計画を立てたとしても、不況による収入ダウンやリストラ、思わぬ教育費のアップ、家族のケガや病気などで家計が圧迫され、住宅ローンの返済が苦しくなることがあります。苦しい返済を長期間続けるわけにはいきませんし、やがて延滞、という事態も避けなければなりません。「一度くらい返済が遅れてもどうにかなるだろう」と甘く考えてはいけません。一度払えなかった返済額を、来月に2カ月分払える保証はありません。ずるずると延滞した結果、数カ月後には金融機関からの一括返済の請求、それが無理であれば保証会社が代位弁済を行って、競売という法的に続きに進み、家を手放すことに。このような事態になる前に、家計が苦しくなったらすぐに金融機関に相談するようにしましょう。金融機関の対応はケースバイケースですが、右頁のような条件変更で対応してくれる可能性があります。

延滞した場合、金融機関によっては引き下げ金利の適用がなくなる。すると、その後は金利が店頭表示金利までアップし、返済額の見直しが行われる時期以降の返済額が増える可能性がある。

家を失って借金だけが残った場合、マイホームを手放さずに負債を整理できる「個人版民事再生」がある。しかし、申し立てから認可までに1年近くかかり、その間のローン返済は免除されない。

自己破産という方法もある。しかし、住宅ローンを返済できなかった人は、固定資産税などの税金を納めていないケースが多い。税金の滞納分は自己破産をしても免責されないことを覚えておきたい。

返済が苦しくなったときの主な条件変更の方法は？

返済条件の変更は主にこんな方法がある（例）

 ボーナスが減少 → 一定期間、ボーナス返済分を減額（期間終了後は増額）

ボーナス返済分を毎月返済分にまわす（毎月返済分が増額）

 定期収入が減少 → 返済期間はそのままで、一定期間、毎月返済額を減額（期間終了後は増額）

返済期間を延長して、毎月返済額を減らす

返済が厳しくなりそうになったら、できるだけ早く、借入先の金融機関に相談しましょう！

KEYWORD　代位弁済

住宅ローンを借りた本人が返済困難なったときに、本人に代わって保証会社が返済すること。その後、住宅ローンを借りた人は保証会社から一括返済を求められ、返済できない場合は、競売という法的手続きに進む。

8割超の人が金利が変動する住宅ローンを選んでいるが…

　資金計画をシミュレーションするとき、また、実際に借りるとき、どの金利タイプを選んだらいいのか迷うところです。住宅ローンを借りた人たちは、どのタイプを選んでいるのでしょうか。

　下のグラフは、2013年度から2018年度までに住宅ローンとして貸し出された金額の、ローンのタイプ別の割合を示したものです。2013年度には変動金利型を選ぶ人が50％を切っていましたが、2014年度からは2人に1人以上の人が変動金利型を選ぶように。固定金利選択型も併せると、将来、金利が上昇する可能性のあるローンを選ぶ人は8割超となっています。

　今、変動金利型は、1％前後と低金利。引き下げ金利が適用になれば1％未満の超低金利で借りることができます。しかし、将来、急激な金利上昇があったときは返済額が増えるリスクがあります。金利上昇リスクに家計が耐えられるかどうか、十分に検討してから借入額や住宅ローンのタイプを選ぶようにしましょう。

個人向け住宅ローンの新規貸出額※

※国土交通省『令和元年度 民間住宅ローンの実態に関する調査』より

第 6 章

建ててからのこともきちんと把握

家が完成したあとに払うお金・もらえるお金

家を建てたことで、また、家を所有していることでかかわってくる税金があります。主にどんな税金があるのかを、きちんと把握しておきましょう。また、住宅ローンを借りて建てた人、親から資金援助を受けた人は、節税につながる制度や現金が給付される制度についても理解しておきましょう。

税金

Question 59
不動産取得税ってどんな税金？申告は必要？

家や土地の取得時に一度だけ課税
取得後、納税通知書が送られてきます

　家や土地を取得すると納めることになるのが不動産取得税です。取得したときに一度だけ課税されるもので、軽減措置もあります。

　軽減措置は本来、不動産を取得してから60日以内に都道府県税事務所に申告書を提出することになっているのですが、実際は軽減措置を適用した後の税額が記載された納税通知書が送られてきたり、納税通知書が届いてから申告する流れになっていることが多いようです。不動産取得税は地方税のため都道府県によって違います。家や土地を取得したときに、申告書提出が必要かどうか、期限はいつまでかなどを都道府県税事務所や住宅会社、不動産会社に確認しましょう。

　なお、不動産取得税は家や土地の購入や新築による取得だけでなく、増築、改築、贈与、交換の場合も課税対象。ただし、相続による取得の場合、相続時精算課税制度を使った贈与や死亡を条件に贈与を約束していた場合以外は、非課税になります。

不動産を取得後、半年から1年半程度で納税通知書が送られてくるケースが多い。ただし、軽減措置についての手続きの流れは都道府県によって違ってくる。不動産の所在地の都道府県税務署に尋ねておこう。

土地を先に購入して住宅を新築する場合に、土地の軽減措置を受けるには申告が必要になることがある。都道府県によって対応が違うので、早めに都道府県税事務所や住宅会社、不動産会社に確認を。

軽減措置では、新築住宅は課税標準になる固定資産税評価額から1200万円が控除。宅地は固定資産税評価額を1/2で計算。実績の豊富な住宅会社なら、税額の目安を事前に教えてもらえることも。

不動産取得税はいくらかかる？

＜どうやって計算するの？＞ 不動産取得税の原則的な計算式

固定資産税評価額 × 税率[※1] ＝ 不動産取得税額

※1 税率は原則4％。土地および住宅は3％（2021年3月31日まで）

＜税額が減らせるのはどんなとき？＞ 不動産取得税の軽減措置

新築の建物の場合

＜軽減の要件＞
- 住宅（マイホーム、セカンドハウス[※2]、賃貸用マンション［住宅用］）であること
- 課税床面積50㎡以上240㎡以下（一戸建て以外の賃貸住宅は1戸当たり40㎡以上240㎡以下）
- 認定長期優良住宅は控除額が1300万円[※3]

（固定資産税評価額−1200万円（控除額））× 3% ＝ 軽減された不動産取得税額

※2 毎月1日以上、居住用として使用する住宅
※3 2022年3月31日まで

上記建物の要件を満たしている土地の場合

＜軽減の要件＞
- 建物が軽減の要件を満たすこと
- 土地取得から3年以内[※4]に建物を新築すること（中古は1年以内に建物を取得）
- 住宅を新築後1年以内にその敷地を取得すること

固定資産税評価額×1/2×3% − 控除額[※5] ＝ 軽減された不動産取得税額

※4 2022年3月31日まで
※5 控除額はⓐまたはⓑのどちらか多いほう
　　ⓐ4万5000円　ⓑ土地1㎡当たりの固定資産税評価額×1/2×家屋の課税床面積×2（200㎡限度）×3%

KEYWORD　軽減の申告に必要な書類

軽減を受けるためには、不動産取得税の申告書と必要書類を土地や建物を所管する都道府県税事務所に提出する。必要書類は土地や建物の契約書、領収書、全部事項証明書（土地・建物）など。

税金

Question 60 固定資産税と都市計画税ってどんな税金？

家や土地など、不動産を所有していると毎年課税される税金です

　家や土地などの不動産を所有していると毎年納税することになるのが固定資産税と都市計画税です。毎年1月1日時点での所有者に課税されます。

　固定資産税は住宅とその敷地に、都市計画税は住宅用地に対して軽減措置があります。固定資産税の場合、例えば2階建ての新築住宅なら新築後3年間は固定資産税の税額が120㎡の部分まで2分の1になります。土地は住宅1戸につき200㎡までは課税標準が6分の1になります。税金の計算式や軽減措置については右頁にまとめたので参考にしてください。

　軽減を受けるための申告や手続きは特に必要ありません。毎年春頃にその不動産のある市区町村から納税通知書が送られてくるのですが、そこに記載されている納税額は軽減された税額です。不服がなければ、期日までに納めましょう。疑問点がある場合は、不動産のある市区町村役場に問い合わせるといいですね。

ここが大切！

不動産を所有しているかぎり、毎年かかってくるのが固定資産税と都市計画税。新築住宅の場合はほとんど関係はないが、課税標準が土地30万円未満、家屋20万円未満の場合には固定資産税は課税されない。

毎年春頃に納税通知書が送られてくる。一括払いで納税してもいいし、年4回の分割でもいい。納期は市町村によって異なる場合があるが、4月、7月、12月、翌年2月が一般的だ。

固定資産税・都市計画税がいくらくらいになりそうかは、不動産会社や住宅会社の担当者に尋ねてみると、目安を教えてくれる場合が多い。資金計画を立てるうえでも大切なので早めに聞いておこう。

固定資産税・都市計画税はいくらかかる？

＜どうやって計算するの？＞

固定資産税の税額

| 課税標準※1 | × | 1.4%（標準税率※2） | ＝ | 固定資産税額 |

都市計画税の税額

| 課税標準※3 | × | 0.3%（制限税率※4） | ＝ | 都市計画税額 |

※1 固定資産税の課税標準とは固定資産税課税台帳に登録されている価額。固定資産税は、この「課税標準」に税率をかけて計算する。課税標準は負担調整の特例で調整されている場合がある
※2・4 各市町村が決定する
※3 都市計画税の課税標準とは固定資産税課税台帳に登録されている価額。都市計画税は、この「課税標準」に税率をかけて計算する

＜固定資産税が軽減されるのはどんなとき？＞

新築住宅

3階建て以上の耐火・準耐火構造の住宅	新築後5年間、固定資産税が1/2に※5
認定長期優良住宅	新築後5年間、固定資産税が1/2に※6
上記以外の住宅	新築後3年間、固定資産税が1/2に※7

※5・7 2022年3月31日までに新築された場合。120㎡までの部分を軽減。店舗や事務所兼住宅の場合は居住用部分が1/2以上
※5 適用になる住宅は、居住用（マイホーム、セカンドハウス、賃貸用住宅）で課税床面積が50㎡（賃貸の場合は40㎡）以上280㎡以下
※6 2022年3月31日までに新築された場合

新築住宅を建てた土地

住宅1戸につき200㎡まで	課税標準×1/6
200㎡を超えて住宅の床面積の10倍まで	課税標準×1/3

＜都市計画税が軽減されるのはどんなとき？＞

住宅用の土地

住宅1戸につき200㎡まで	課税標準（固定資産税評価額）×1/3
200㎡超の部分	課税標準（固定資産税評価額）×2/3

KEYWORD　負担調整措置

地域や土地によって固定資産税の負担に格差があるのを解消するため、1997年から負担調整措置が導入されている。負担水準の高い土地は負担を抑制、負担水準の低い土地はなだらかに負担を上昇させる仕組みになっている。

Question 61 住宅ローン減税ってどんな制度？

住宅ローンを利用して家を取得すると所得税が戻ってきます

　返済期間10年以上のローンを利用して住宅を取得すると、入居から10年間は年末ローン残高（上限4000万円。長期優良住宅などは上限5000万円）の1％が所得税から還付される制度。所得税で控除しきれなかった分は、翌年の住民税からも控除されます。なお、消費税10％で2020年末までに入居できる物件を取得した場合、控除期間は特例で13年に拡充されます。拡充後の3年間は最大で建物取得価格（上限4000万円）の2％×1/3年、または年末ローン残高の1％のどちらか少ない金額が控除されます。

　サラリーマンの場合、その年の所得税は給与天引でその年のうちに納めてしまっているため、住宅ローン控除を申告するときにはすでに納税していることになります。そのため、納め過ぎた分が「戻ってくる」ということになるのです。つまり、控除額が20万円で、その年の所得税を25万円天引きされていた場合は、20万円が還付されるということです。

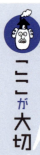

控除対象の年末残高には上限がある。一般住宅は4000万円、長期優良住宅等は5000万円。一般住宅は住宅ローン残高が4000万円でも4500万円でも、控除額は年40万円が最大。

控除を受けるためには、その年の合計所得金額が3000万円以下（給与所得の場合は総支給額3336万円以下）などの要件がある。くわしくは、居住地の税務署に尋ねてみるといいだろう。

期間短縮型の繰り上げ返済をして返済期間が10年を切った場合、入居から10年を経過していなくても住宅ローン減税の対象ではなくなる。繰り上げ返済による利息軽減効果とどちらが有利か試算しておこう。

消費税10％で家を建てると、ローン控除期間は13年間になる

消費税10％で購入した場合の住宅ローン減税の控除額

1～10年目	11～13年目[※1]
年末ローン残高の**1％** （年間最大**40万円**[※2]）	年末ローン残高の**1％**（最大**40万円**[※2]） または 税抜建物取得価格の**2％×1/3** 上記のどちらか少ない額

※1 2020年末までに入居した場合
※2 長期優良住宅等の場合は最大50万円
※ 所得税から控除しきれない額は住民税からも控除される。ただし所得税の課税総所得金額等の額の7％、または、13万6500円のどちらか少ない額が上限となる

その年の所得税 － 控除額 ＝ 戻ってくる所得税額

控除期間13年間の特例措置は、新型コロナウイルス感染症の影響で入居が遅れた場合でも、以下の要件を満たせば特例措置の対象になります。
・注文住宅は2020年9月末までの契約
・2021年12月末までに入居

KEYWORD

住宅ローン減税の対象額

住宅ローン減税の控除額は年末ローン残高か物件価格のいずれか低いほうの金額に控除率をかけたもの。諸費用を含む借り入れをして借入額が物件額を上回る場合、上回った分については住宅ローン減税の対象にはならない。

Question 62 共働きなら住宅ローン減税は2人分使えるの？

1人で住宅ローン減税を受けるより
共働きなら2人のほうがトクなこともあります

　共働きで夫も妻も所得税を納めている世帯では、それぞれに住宅ローンを借りて、住宅ローン減税を受けることができます。夫1人で借りる場合も夫婦で借りる場合も同じ借入額だとすると、住宅ローン減税を受けるのが1人のときと2人のときと、どちらが戻ってくる金額が多くなるかはケースバイケースです。

　夫が1人で借りた場合に、所得税と住民税で控除額が引き切れない場合は、妻と2人でローンを組んで、ダブルでローン減税を受けたほうが控除額の合計が多くなります。

　注意したいのは2人でローンを組んで、どちらかが返済途中で仕事を辞めた場合。辞めて所得税がなくなれば、控除額は戻ってきません。また、妻の借りたローンを夫が返済すると夫から妻への贈与とみなされて贈与税の課税対象となることがあります。2人で控除を受けるなら控除期間中は共働きを続けるようにしたほうがいいでしょう。

2人がそれぞれに住宅ローンを借りたり、1本のローンでも連帯債務になれば住宅ローン控除をダブルで受けられる。1人で借りる場合と、2人で借りる場合、どちらがトクになるかはケースバイケースだ。

どちらかが仕事を辞めて収入がなくなり、所得税が課税されなくなると、住宅ローン減税の恩恵は受けられなくなる。辞める時期や控除額によっては、最初から1人で控除を受けたほうがトクな場合もある。

2人がそれぞれに住宅ローンを組む場合、事務手数料や印紙代などの諸費用が多くかかることになる。その分を差し引いても、住宅ローン減税でメリットがでるかどうかを確認しておく必要がある。

住宅ローン減税を夫婦で受けると、控除される税金はいくらになる?

CASE 1
夫が1人でローンを組み、住宅ローン減税も1人で受ける

入居した年の年末ローン残高が3000万円の場合、控除額は最大**30万円**

実際の控除額は?

夫の所得税額が30万の場合	所得税から**30万円**が控除される
20万の場合	所得税から**20万円**、住民税から**10万円**が控除されて合計額は**30万円**
15万の場合	所得税から**15万円**、住民税から**13万6500円**が控除されて合計控除額は**28万6500円**

> 所得税と住民税の合計が20万円未満の場合、控除額が全額戻ってこないことも

CASE 2
夫婦がそれぞれローンを組み、住宅ローン減税もそれぞれに受ける

入居した年の年末ローン残高が1500万円ずつの場合、控除額は最大15万円ずつで、合計で最大**30万円**

実際の控除額は?

夫婦の所得税額がそれぞれ30万の場合	所得税から1人**15万円**が控除され、合計控除額は**30万円**
それぞれ20万の場合	所得税から1人**15万円**が控除され、合計控除額は**30万円**
それぞれ15万の場合	所得税から1人**15万円**が控除され、合計控除額は**30万円**
それぞれ10万の場合	所得税から1人**10万円**、住民税から1人**5万円**が控除され、合計控除額は**30万円**

> 2人で控除を受けるほうが多く戻ってくることもある

KEYWORD — 途中で転勤になったら?

国内の転勤で単身赴任であれば引き続きローン減税は受けられる。家族全員で引っ越す場合、転勤期間中は適用されないが、控除期間中に戻ってくると、届け出によって残りの期間は減税の適用が受けられる。

税金

Question 63 住宅ローン減税を受けるにはどこでどんな手続きが必要？

**入居の翌年には確定申告で手続きを。
必要書類は早めに揃えておきましょう**

　住宅ローン減税の適用を受けるためには、入居の翌年に確定申告が必要です。必要書類をそろえて税務署に持っていけば、ていねいに教えてくれるので心配はいりません。分からないことや不安なことがあれば、あらかじめ電話などで税務署に問い合わせるといいでしょう。

　住宅ローン減税を受けられる期間は通常10年間、特例で13年間。サラリーマンなど給与所得者の場合は、1年目に確定申告をすれば、2年目以降からは勤務先の年末調整で控除が受けられます。ただし、個人事業主や自営業の人など、普段から確定申告で所得税の申告をしている人は、控除が受けられる期間は毎年申告をすることになります。毎年、税務署から確定申告用紙が送られてくる人でも、住宅ローン減税用の書類は同封されていない場合がほとんどなので、連絡をして送付してもらうか、国税庁のWebサイトからダウンロードするといいでしょう。

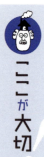

ここが大切！

住宅ローン減税の適用を受けるには、入居の翌年に確定申告をすることが必要。給与所得者は2年目以降は勤務先の年末調整で還付が受けられるが、1年目は書類を揃えて税務署で手続きをする。

給与所得者が2年目以降に用意する書類は2つ。初年度に確定申告をしたあとに税務署から送られてきた「給与所得者の住宅借入金等特別控除申告書」。そして金融機関からの「年末残高等証明書」だ。

うっかり申告を忘れてしまった場合、還付申告は課税対象期間の翌年から5年後まで申告が可能だ。面倒だからと申告をやめたり、あきらめたりしないで、早めに税務署に相談しよう。

住宅ローン減税の申告に必要な書類を確認しよう

書類が揃ったら入居の翌年3月15日までに確定申告を

税務署

KEYWORD

住宅ローン減税の申告時期

所得税の確定申告は原則翌年の2月16日〜3月15日の1カ月が申告時期。ただし住宅ローン減税で所得税の還付を受ける場合は1月からでも申告が可能だ。3月は年度末で仕事が忙しいという人は早めに申告してしまおう。

税金

Question 64

消費税率アップ後に おトクになる制度はある？

「すまい給付金」でもらえる金額が増え、年収制限も緩和されました

　2019年10月、消費税率がそれまでの8％から10％にアップしました。家づくりにも、もちろん消費税がかかわっています。右頁の表のように、住宅の建築価格だけでなく、土地の購入にかかる仲介手数料、住宅ローンを借りるときにかかる費用、家具購入費などに課税されるため、以前よりも出費が増えます。でも、その負担を緩和するためにつくられた制度も。「すまい給付金」がそのひとつです。

　「すまい給付金」とは、人と建物の条件をクリアすれば、現金が支給される制度。消費税率8％のときは給付金は最大30万円でしたが、増税後は最大50万円にアップしました。収入額によって10万円、20万円、30万円、40万円、50万円のいずれかがもらえます。申請方法などは、すまい給付金の公式ページ（http://sumai-kyufu.jp/）でわかります。

ここが大切！

家づくりの費用の中には、消費税率アップの影響がないものもある。まず、土地の購入費（価格）は非課税（仲介手数料には課税される）。その他、印紙税や登録免許税などの租税公課は対象外だ。

すまい給付金は消費税引き上げによる負担を緩和するために創設された制度。所得税が少なく、住宅ローン減税拡充の効果が十分に及ばない層への軽減になるよう、収入が低いほうが給付額が多い。

すまい給付金の申請は、入居後に必要書類を事務局へ郵送、または申請窓口に持参する。住宅購入者が申請する他、住宅事業者が申請手続きを代行することも可能（代理受領申請）だ。

消費税率アップによる負担増を「すまい給付金」が緩和

家づくりにかかわるお金で消費税率アップの影響があるもの・ないもの

影響があるもの	影響がないもの
● 住宅の建築価格 ● 外構工事費用 ● 土地購入にかかる不動産会社への仲介手数料 ● 土地の造成や整地費用 ● 住宅ローン事務手数料、司法書士報酬などの諸費用 ● 家具購入費、引っ越し費用など	● 土地の購入費(価格) ● 印紙税 ● 登録免許税 ● 不動産取得税

すまい給付金の目安
消費税率10%の場合

収入額の目安※1	都道府県民税の所得割額※2	給付金の目安※3
450万円以下	7.60万円以下	50万円
450万円超525万円以下	7.60万円超9.79万円以下	40万円
525万円超600万円以下	9.79万円超11.90万円以下	30万円
600万円超675万円以下	11.90万円超14.06万円以下	20万円
675万円超775万円以下	14.06万円超17.26万円以下	10万円

※1 夫、妻(専業主婦)、16歳以上の子どもがいる家庭をモデルに試算
※2 神奈川県は都道府県税と住民税の税率が異なるため、収入額の目安は同じだが所得割額は異なる
※3 共有名義の場合の給付金額は、持ち分によって案分される

ここがポイント！
・消費税増税後は給付金は最高50万円にアップ。
・年収制限は775万円以下に緩和され、給付対象になる人が増えた。
・50歳以上で年収650万円以下など要件を満たすことで、住宅ローンを借りなくても対象に。
・2021年末までの入居が期限。

KEYWORD

すまい給付金の対象になる住宅要件

すまい給付金の給付対象は、引き上げ後の消費税率が適用され、床面積が500㎡以上という条件の他、施工中等に第三者機関の現場検査やフラット35Sの基準を満たすなど、一定の性能の確保が条件になる。

Question 65 親からの資金援助が非課税になる制度って？

住宅取得資金の贈与が一定額まで非課税に
非課税枠は契約時期で変わります

　たとえ親からの資金援助でも、年間の基礎控除額110万円を超えると贈与税がかかります。でも、住宅取得資金の贈与の場合は、特例で非課税枠が設けられています。20歳以上の人が親や祖父母から住宅取得資金の贈与を受けた場合に利用できるのが「住宅取得資金の非課税制度」です。非課税になる金額の上限は契約時期によって違いますから、右頁を参照してください。「住宅取得資金の非課税制度」は、110万円の基礎控除額、または2500万円まで贈与税非課税の相続時精算課税制度（182頁）と併用することが可能。併用する場合、2021年3月までの契約なら一般住宅で最大3500万円まで贈与税が非課税になります。

　制度を利用するためには、贈与を受けた年の翌年の2月1日から3月15日までの間に、税務署に申告をする必要があります。住民票（市役所や区役所）や家の登記事項証明書（登記所）などが必要ですから、早めに書類の準備をしておきましょう。

ここが大切！

- 住宅取得資金の非課税制度は基礎控除（暦年課税）と併用することが可能。2021年3月までの契約なら、一般住宅は1110万円、良質な住宅の場合は1610万円までが贈与税非課税になる。

- 相続時精算課税制度と併用した場合、2021年3月までに契約した一般住宅なら3500万円、良質な住宅なら4000万円まで贈与税非課税。ただし、相続時精算課税制度の分は、将来の相続発生時に相続税の課税対象になる。

- 一般住宅よりも非課税枠が500万円加算される「良質な住宅」とは、省エネ性、耐震性、バリアフリー性のいずれかについて、一定の基準を満たしている住宅のことをいう。贈与税の申告の際に証明書などの添付が必要。

住宅取得資金が贈与税非課税になる制度を知っておこう

住宅取得資金の非課税制度による贈与税非課税限度額（※消費税10%で取得した場合）

契約時期	一般住宅	良質な住宅
2019年4月〜2020年3月	2500万円	3000万円
2020年4月〜2021年3月	1000万円	1500万円
2021年4月〜2021年12月	700万円	1200万円

主な適用条件

住宅取得資金

贈与される人
- 贈与を受けた年の1月1日に**20歳以上**
- 合計所得金額2000万円（給与のみの場合約2284万円）以下

贈与する人
- **父母や祖父母**などの直系尊属

贈与された人が取得した家
- 贈与を受けた**翌年3月15日**までに贈与された資金で取得し、入居
- 登記簿上の**床面積50㎡以上240㎡以下**

KEYWORD 特定贈与財産

贈与税の配偶者控除では、婚姻関係が20年以上ある夫から妻、または妻から夫への住宅や住宅の取得資金の贈与は2000万円までが贈与税非課税。贈与税の配偶者控除額に相当する受贈額を特定贈与財産という。

税金

Question 66

2500万円まで贈与税非課税の相続時精算課税制度って？

親からの生前贈与が2500万円まで贈与税非課税。住宅取得資金以外でもOKです

　親が生前中に子ども（子どもが亡くなっている場合は孫）に贈与した財産が、累計2500万円になるまでは贈与税がかからない「相続時精算課税制度」というのがあります。これは、親または祖父母が贈与の年の1月1日時点で60歳以上、贈与される人が20歳以上の場合に使える制度。現金だけでなく不動産や株券なども対象で、贈与された側の使い道は自由です。もちろん住宅の取得資金でもいいですし、住宅を建ててしまってから家具を買ったり、住宅ローンの返済に当ててもOK。また、2021年12月31日までの住宅取得資金としての贈与は、特例※で60歳以上という親の年齢要件がはずれるため、この制度を使える層が広がります。

　なお、2500万円を超えた分からは一律20%の贈与税がかかります。また、「相続時精算課税」という名の通り、相続が発生したときには生前贈与された財産の価額が相続財産として加算され、相続税の対象に。相続税が発生しそうな人は注意しましょう。

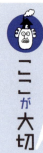

ここが大切！

将来の相続財産が基礎控除を超えそうな場合は相続税が発生する可能性があるので注意しよう。相続税が発生しそうなら相続時精算課税制度が節税に有効かどうかを税理士に相談したほうが無難。

夫婦がそれぞれの親から資金援助を受けると、合計5000万円までが相続時精算課税制度で贈与税非課税になる。その場合、住宅取得費のうちの、贈与額と借入額の割合に応じた共有名義にすること。

相続時精算課税制度を選択すると、その贈与者からの贈与は基礎控除の110万円以下でも申告の必要があり、20%の贈与税が課税されることになる。今後も親からの贈与が継続してある予定の人は注意。

※床面積50㎡以上、床面面積の2分の1以上などの要件がある。詳しくは最寄りの税務署におたずねください

相続時精算課税制度の仕組みをCASEで見てみよう

CASE

1年目

2000万円の贈与

贈与税ゼロ

> 生前贈与の金額が2500万円以下なので相続時精算課税制度を選択すると贈与税はかからない

2年目

1000万円の贈与

500万円までは贈与税ゼロ。
累計2500万円を超えた分は20%の課税

贈与税100万円

> 累計2500万円を超えたので、以降の生前贈与には一律20%の贈与税がかかる

10年後

相続が発生

これまでに親から受けた生前贈与の累計3000万円を、相続財産に加算して相続税を計算。
相続税が発生した場合は、過去に贈与税として100万円納めているので相続税額から100万円をマイナスした金額が納税額

相続税がかからない人には、贈与税を節税できる相続時精算課税制度。しかし、相続税の基礎控除額が2015年に縮小したことで、課税対象者は以前より増えているので注意しましょう。

KEYWORD

贈与の翌年3月15日までに入居

相続時精算課税制度で親の年齢制限がない住宅取得資金の特例を利用する場合、贈与の翌年3月15日までに住宅の引き渡し・入居をすることが要件になる。竣工がぎりぎりにならないよう着工時期に注意したい。

税金

Question 67 親から住宅取得資金の援助があるときの注意点は？

もらう場合は贈与税非課税枠を確認。借りるなら贈与とみなされないよう注意

　住宅取得資金を「もらう」場合、どの制度で節税すればいいかは、支援してもらえる金額を確認。110万円以下の場合は基礎控除内ですから贈与税はかからず、申告も不要。1110万円（省エネ、耐震、バリアフリー住宅は1610万円）以下なら住宅取得資金贈与の特例が、1110万円（同1610万円）超の場合は相続時精算課税制度を併用することで3500万円（同4000万円）までは贈与税は非課税です（2021年3月までに契約の場合。180頁参照）。

　住宅資金を親から「借りる」場合は贈与税は関係ありません。しかし、きちんと返済しなければ贈与とみなされて課税される可能性があります。大切なのは返済の証拠を残しておくこと。手渡しでの返済ではなく、金融機関の口座に振り込んで履歴を明確にしておきましょう。また、借用書や金銭消費貸借契約書などを作り、一定の金利をつけて返済すること、親の年齢を考えて常識的な返済期間を設定することも大切です。

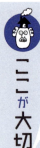
ここが大切！

家を建てた後で、親からお金をもらった場合、相続時精算課税制度が活用できる。2500万円まで贈与税が非課税で、住宅ローンの繰り上げ返済に使えば、住宅取得資金を贈与してもらったのと同じことになる。

相続時精算課税制度は不動産の贈与も対象。評価額が2500万円以下の住宅を親が建てて、子どもに生前贈与するという方法もある。評価額は建築費よりも低くなるので、資金を贈与するより節税になる場合も。

親から借りる場合、借りた本人が死亡したり、高度障害で働けなくなったときに、親に残金を返済できるよう生命保険に加入しておきたい。親への借金だけが残ると、遺族が肩身の狭い思いをすることがある。

援助額によって節税に効果的な制度や特例は違う

贈与が110万円以下	基礎控除内なので贈与税はかからない
贈与が1110万円以下 または1610万円以下※	親からの住宅取得のための資金贈与で、贈与される人の合計所得金額が2000万円（給与のみの場合約2284万円）以下なら**贈与税は非課税**
贈与が1110万円超 または1610万円超※	親からの生前贈与で相続時精算課税制度を選択した場合、**4000万円※までは贈与税はかからない**（場合によっては節税にならないので税理士に相談を）

※ 省エネ性、耐震性、バリアフリー性のいずれかを満たす住宅の場合（180頁参照）
※ 2021年3月までに契約の場合

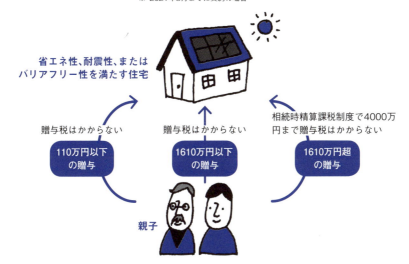

省エネ性、耐震性、または バリアフリー性を満たす住宅

贈与税はかからない — 110万円以下の贈与
贈与税はかからない — 1610万円以下の贈与
相続時精算課税制度で4000万円まで贈与税はかからない — 1610万円超の贈与

親子

KEYWORD

住宅取得資金の贈与があった場合の名義

注意したいのは住宅の名義。夫婦で援助を受けたのに、名義を例えば夫のみにすると、妻の親からの資金は妻から夫への贈与となり110万円を超える分に贈与税がかかる。出資割合に応じた共有名義にしよう。

税金

Question 68 土地の相続税の節税に有効なのはどんな家？

二世帯住宅など親子で同居すれば「小規模宅地等の特例」で節税できます

　相続税が改正され、2015年1月1日以降、相続税の課税対象になる最低ラインである基礎控除額が、それまでの6000万円から3600万円と大幅に下がりました。そのため、以前は相続税の課税対象にならなかった人も課税されることに。特に、東京23区や大都市の都心部など、地価の高いエリアに親が土地を持っている人は要注意です。

　そこで注目したいのが「小規模宅地等の特例」。これは、相続する土地の一定の面積までは評価額を80％カットできる制度。土地の評価額が下がれば、相続財産全体の課税対象額を大幅に下げることができます。亡くなった人の配偶者以外がこの特例を利用するには、「被相続人（亡くなった人）と同居していた」ことが条件なので、今、家づくりを考えているなら、将来の相続税対策として、親の土地に親と同居する家を建てて、「小規模宅地等の特例」を活用できるようにしておくのもひとつの方法です。

ここが大切！

配偶者以外の親族が「小規模宅地等の特例」を受けるためには、「被相続人（亡くなった人）と同居していた」「過去3年間に持ち家に住んでいない」という要件をクリアしていることが必要。

「小規模宅地等の特例」で相続税がゼロになった場合でも、相続税の申告期限までに申告書を提出する必要がある。また、相続税の申告期限までに遺産分割協議も終了している必要があるので注意。

二世帯住宅は「小規模宅地等の特例」での節税につながるが、将来の相続後、空いたほうの世帯の活用に困ることも。子どもが引き継いでくれそうか、賃貸活用できそうかなども考えておきたい。

小規模宅地等の特例で相続した土地330㎡までは評価額減

相続した土地330㎡までは相続税評価額が80％減

↓

相続税が節税できる

「小規模宅地等の特例」は、土地を取得する相続人ごとに細かな要件があります。特例が適用になるかどうかは、所轄の税務署に相談するのがおすすめです。

KEYWORD 　**相続税の基礎控除**

相続税は基礎控除の範囲内であれば非課税。基礎控除額は2015年1月1日に引き下げられ、3000万円＋（600万円×法定相続人の数）に。相続人が子ども2人の場合は、4200万円までが基礎控除額だ。

Question 69

将来の負担にならない家にするにはどうしたらいい？

税金

**立地によっては売却は困難。
長く住み継いでもらう家にしましょう**

　建てた家を将来どうするかは、忘れがちですが大切な課題です。売却するにしても、子どもなど親族に引き継いでもらうにしても、建てるとき、住んでいる間の対処が重要になります。

　売却するなら立地が重要。駅から近いなど利便性が高くなければ、古くなった家を売るのは簡単ではありません。家を解体して土地を売却するのも解体費用がかかります。家は、売却の可能性を第一に考えるよりも、豊かな暮らしを実現するための場所として立地を選び、長く住み継いでいけるように建てるほうが幸せな家づくりになるといえます。

　長く暮らせる家は、建て替えによる経済的な負担だけでなく、環境への負荷を減らすことにもつながります。メンテナンスコストを抑える家づくりを行い、入居後は性能を維持するメンテナンスやリフォームなどをきちんと実施することが大切です。

ここが大切！

住宅の寿命がどれくらいなのかは、環境やメンテナンスによるところが大きいため、どんな建材や構造にすれば何年もつとは一概にはいえない。住む人のメンテナンスへの意識によって左右される。

住宅会社によって、入居後の定期点検や無料・有料メンテナンスなどのアフターメンテナンスを用意している。長く安心できるサポート体制が整っているかを契約前に確認しておこう。

将来、建て替えや売却のために住宅を解体する場合、100万円単位で解体費用や廃棄物処理費用がかかる。具体的にいくらかかるかは、建物の規模や構造、土地の条件、依頼する会社によって違ってくる。

長く住み継いでいける家にするためのポイント

メンテナンス
建物を長持ちさせるためにはこまめなメンテナンスが重要ポイント。窓と外壁の隙間から雨水が壁内に入らないようコーキングを補修したり、雨樋が枯葉などで詰まらないよう定期的に掃除をしたり、自分でできるメンテナンスもある

リフォーム
メンテナンスをしていても建物は少しずつ劣化していく。家を建てた住宅会社のリフォーム部門など、その家の工法や仕様を把握している会社と信頼関係を保ち、必要なリフォームを適切な時期に行うことで快適に長く住める家になる

改修履歴
長期優良住宅では設計や工事、アフターメンテナンス、改築工事などの「住宅履歴情報」の保存が義務づけられている。長期優良住宅ではなくても、売却や、子どもに引き継ぐ際に、いつ、どんな改修を行ったかなどの履歴があるといい

地盤や立地
家そのものの耐久性だけでなく、地盤などの外的要因も寿命に影響する。家を建てる前に地盤を確認し、ハザードマップで災害が起きたときの危険性を予測。危険度の高い土地は選ばない、軟弱地盤の場合はしっかり杭を入れるなどの対策が大切

KEYWORD **法定耐用年数**

法定耐用年数とは減価償却資産が利用に耐えられる年数のこと。木造住宅は22年だが、減価償却の計算に使われるもので建物の寿命とは関係ない。ただし、中古住宅購入で住宅ローンの可否の判断材料にされることがある。

INDEX

あ 相見積もり → 35,66
頭金 → 22,32
アプローチ → 44

い 印紙税 → 13,74
印紙代 → 13

か 改修履歴 → 189
解体費 → 13
買取型 → 88
家具 → 48
外部開口 → 47
外壁 → 46
火災保険料 → 13,73
確定申告 → 176
借入額 → 8,20
借入額の平均 → 20
借入可能額 → 98
仮住まい費 → 13
借りられる金額の目安 → 16,18
元金均等返済 → 15,18,114,116,150
元利均等返済 → 15,16,114,116,150

き 期間短縮型 → 128,130,156
機構財形住宅融資 → 93
基礎控除 → 182,184,186
キッチン → 49
給湯器 → 51
勤続年数 → 96,134
金利 → 104
金利上昇リスク → 107
金利タイプ → 106
金利ミックス型 → 111

く 繰り上げ返済
→ 128,130,132,148,152,156
繰り上げ返済手数料 → 133

け 軽減措置 → 170
契約金 → 30
建築請負契約 → 30

建築確認申請 → 31,67
建築確認申請費用 → 67
建築費の平均 → 24

こ 固定期間選択型 → 109,154
固定金利型 → 106,142
固定資産税 → 170
5年固定制 → 112

さ 財形住宅融資 → 92
最長返済期間 → 118

し 自己資金 → 9,32
地震保険料 → 73
地鎮祭 → 13,30,76
地盤調査 → 65
地盤調査費 → 13,64
司法書士への報酬 → 68
事務手数料 → 13,72
借用書 → 184
住宅金融支援機構 → 83
住宅取得資金非課税制度 → 180,184
住宅ローン減税 → 172,174,176
収入合算 → 160
住民税 → 172,174
小規模宅地等の特例 → 186
条件変更 → 121,152,164
上棟式 → 13,31,76
消費税 → 178
所得税 → 172,174
諸費用 → 8,12,64
審査 → 96,134
審査金利 → 97

す すまい給付金 → 178

せ 制震装置 → 62
施工面積 → 26
設計監理料 → 66
全期間固定金利型 → 108,142,158
洗面台 → 50

そ	相続時精算課税制度 → 182,184
	相続税 → 182,186
	総返済額 → 84,103
	贈与税 → 180,182,184

た	代位弁済 → 165
	太陽光発電 → 51
	畳小上がり → 48
	段階金利型 → 110
	団体信用生命保険（団信）→ 73

| ち | 仲介手数料 → 13,69 |

| つ | 坪単価 → 26,28 |

て	低金利 → 104
	提携ローン → 94
	抵当権設定登記 → 74
	店頭表示金利 → 23

と	トイレ → 50
	登録免許税 → 68,74
	都市計画税 → 170
	土地取得費 → 8

| な | 内装 → 47 |

ね	ネット銀行 → 80,86
	年間返済額 → 20
	年末ローン残高 → 173,175

| の | 延床面積 → 26,28 |

| ひ | 引き下げ金利 → 22 |
| | 引っ越し費用 → 13,76 |

ふ	負担調整措置 → 171
	不動産取得税 → 168
	フラット35 → 88,100
	フラット35S → 90

	フラット35S（金利Aプラン）→ 90
	フラット35S（金利Bプラン）→ 90
	プラン作成料 → 64,66

へ	ペアローン → 160
	別途工事 → 10
	別途工事費 → 8, 10
	返済額軽減型 → 128,130
	返済期間 → 118,120,122,144
	返済期間の変更 → 122
	返済負担率 → 21,99
	変動金利型 → 106,107,154

ほ	法定耐用年数 → 189
	保証型 → 89
	保証料 → 13,71
	ボーナス返済 → 124,126
	本体価格 → 26
	本体工事費 → 8

み	見積もり → 35
	見積書 → 54
	未払い利息 → 107

| め | 免震装置 → 62 |

| や | 屋根 → 45 |

| ゆ | 融資限度額 → 14 |

| よ | 預金連動型 → 113 |
| | 浴室 → 49 |

| ら | ライフ・サイクル・コスト → 35,38,39,40,41 |
| | ランニングコスト → 36 |

| れ | 連帯債務者 → 160 |

| ろ | 老後資金 → 162 |
| | ローン特約 → 87,95 |

著者プロフィール

田方みき（たがたみき）

広告制作プロダクション勤務後、フリーランスのコピーライターとして活動。現在は主に、雑誌・Webで住宅にかかわる記事の取材、編集、執筆に携わる

関尾英隆（せきおひでたか）（あすなろ建築工房）

大学・大学院で建築学を専攻後、大手設計事務所に勤務。個人設計事務所として独立後、2009年に「設計事務所＋工務店」あすなろ建築工房設立

Q&Aで簡単！ 家づくりのお金の話がぜんぶわかる本 2020-2021

2020年6月2日　初版第1刷発行
2020年7月1日　　　第2刷発行

著者　田方みき
　　　関尾英隆

発行者　澤井聖一

発行所　株式会社エクスナレッジ
　　　　〒106-0032　東京都港区六本木7-2-26
　　　　http://www.xknowledge.co.jp/

問い合わせ先
　　編集　TEL：03-3403-1381　FAX：03-3403-1345
　　　　　info@xknowledge.co.jp
　　販売　TEL：03-3403-1321　FAX：03-3403-1829

●無断転載の禁止
本誌掲載記事(本文、図表、イラストなど)を当社および著作権者の承諾なしに無断で転載(翻訳、複写、データベースへの入力、インターネットでの掲載など)することを禁じます。